湛庐CHEERS

与最聪明的人共同进化

HERE COMES EVERYBODY

CHEERS
湛庐

概念力

コンセプトの
教科書

[日]细田高广 著 刘 倩 译

浙江科学技术出版社 · 杭州

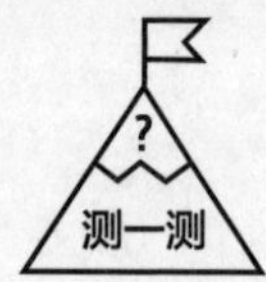

企业如何为产品和服务设计新价值？

扫码加入书架
领取阅读激励

- 以下哪个选项更符合“概念”的定义？（单选题）

  A. 一个新颖的点子

  B. 贯穿整体的新观点

  C. 一句吸引人的广告口号

  D. 产品的独特功能描述

扫码获取全部测试题及答案，
一起了解概念力

- 创造有效概念的 4 个条件分别是：能否以“顾客视角”进行描述，有没有“独到”的想法，能否预测市场“规模”以及（　）。(单选题)

  A. 语言是否“简洁”

  B. 语言是否有“共鸣”

  C. 语言是否符合行业“规范”

  D. 语言是否紧跟“潮流趋势”

- 在创建组织价值观时，需要满足简洁、明确和（　）这 3 个条件。(单选题)

  A. 积极向上

  B. 有创意

  C. 引领性

  D. 便于记忆

扫描左侧二维码查看本书更多测试题

用概念沟通感性与理性、连接现在与未来

空　手
不空谈品牌咨询创始人、场景营销研究院院长

广告公司拥有两大法宝，一个叫“洞察”（Insight），一个叫“概念”（Concept）。要想通过一个绝妙的创意创作出一流的作品，我们首先要洞察消费者的心理，了解他们内心所思，感受他们的喜与悲、焦虑与压力；其次，我们要从自己洞察后得到的体悟、心得中提炼出一个简洁有力的核心概念；最后，我们要将概念整理为具体的创意表现。洞察—概念—表现，这就是广告公司作业的三部曲。

概念提炼是广告人的核心能力

广告人在评价一个创意作品优劣时，首先会看作品背后是否有强有力的概念支撑。有了概念，作品就有了灵魂，并激发我们持续

创作出更多有创意的作品。

例如可口可乐，它曾在几年内连续推出了昵称瓶、歌词瓶、台词瓶等创意产品包装，发起“新年第一瓶可口可乐，你想与谁分享？”“让我们‘年’在一起”等春节营销活动，这些创意传播的背后，是可口可乐的概念“分享快乐”在发挥作用。把快乐分享出去，你会获得双倍的快乐，可口可乐的这一概念不仅充分展示了产品价值，而且传递了品牌价值观。

再如农夫山泉，提到这一品牌，很多人都会想起它的广告金句，如“农夫山泉有点甜”“天然的弱碱性水”“我们不生产水，我们只是大自然的搬运工”“美丽的中国，美丽的水”“什么样的水源，孕育什么样的生命”等。在广告业，这些广告语就是具体的创意表现，如果你深入思考，就会发现它们其实都在诠释同一个核心概念“天然”，只不过它们诠释的角度不同，分别从感性、理性、品牌理念、公益环保、人文情怀等层面让消费者形成对农夫山泉统一的品牌认知，也就是天然水。

提炼概念，是一名广告人的核心能力，可以为广告人插上翅膀。在广告公司，人们长期以来都有一条共识，那就是懂得提炼概念才能升职成为创意总监，而只会想点子的人只能担任文案、设计师等基层创意人员。

概念力是一个人的基础思维能力

后来，我从广告公司离职，开始自己创业，投身品牌咨询，并花费大量的精力做自媒体。在这个过程中，我愈发认识到，概念力并不只是广告人的专利，它实实在在是一个人的基础思维能力。

为什么这么说呢?

一方面，**概念是连接逻辑与直觉的桥梁。**

著名心理学家、经济学家，2002 年诺贝尔经济学奖获得者丹尼尔·卡尼曼[①]写过一本经典著作《思考，快与慢》。书中提到，人类拥有两个认知系统：系统 1 为直觉；系统 2 为理性。直觉系统快速运行，产生印象、好感和灵光乍现；理性系统缓慢运行，通过逻辑思考产生判断。

我们在做事情时，非常需要将这两个认知系统结合起来，发挥情理合一的强大威力。在广告公司，人们总体上的工作可以分成策略和创意两个部分。首先，广告人要理解商业市场，开展消费者行为研究和数据分析，通过逻辑推演制定出场策略、品牌策略、传播策略等；其次，有了策略成果后，广告人要通过人性洞察、审美能力、直觉与灵感等创作出打动人心的创意作品。

这两个部分缺一不可，而概念就是连接二者的桥梁。概念是对策略的凝练概括，将策略思想浓缩成一个具体的词或一句清晰的

① 丹尼尔·卡尼曼在心理学上的成就是挑战判断与决策的理性模式，他被公认为“继弗洛伊德之后，当代最伟大的心理学家”。其著作《噪声》的中文简体字版已由湛庐引进、浙江教育出版社于 2021 年出版。——编者注

话，从而为创意指明方向，让具体作品围绕这个词、这句话展开。毕竟，PPT 和数据分析不能直接变身成一件好作品，所以概念的桥梁作用十分重要。

另外，**概念是衔接现在与未来的关键节点。**

本书第 3 章提到，我们要从顾客视角去设计“洞察型故事”；第 4 章则提到，我们还要从未来视角设计“愿景型故事”。这两个不同的视角，一个是基于对现状的分析，从顾客（customer）、竞争对手（competitor）及自己公司（company）这一 3C 框架中找到洞察，提取概念；另一个是基于对未来的判断，从公司使命（mission）和愿景（vision）中具象化提炼概念。

好的概念应该将愿景和洞察结合在一起，同时展现以上两点，既能为企业提供现实的解决方案，又能推动企业向着宏大目标迈出第一步。

不管我们是创作一篇文章、撰写一个方案、打造一个产品，还是创办一家企业，概念力都能够让我们全面发挥自己的感性和理性优势，让我们在创造过程中既注入理性思考的精确性，又充分展现创造力，既实现当下，又迎接未来。

创造风口的工具

马徐骏
商业演讲教练、“回响·开年演讲”总策划

AI（人工智能）、IoT（物联网）、DX（数字化转型）、大数据、元宇宙、NFT（非同质化代币）、DAO（去中心化自治组织），它们有什么共同点？它们都是概念，但并不算是好概念。因为这些概念哪怕看上去再炫酷，都只是从提供者和技术的角度出发的，并没有考虑到使用者和消费者的视角，反而增加了人们的认知负担。

而真正好的概念什么样？

从消费者的角度创造概念

当年乔布斯重回苹果的时候，挽救这家濒临倒闭的公司的爆款产品是 iPod 音乐播放器。

但 iPod 既不是世界上第一台 MP3 音乐播放器，世界上第一台 MP3 播放器是韩国世韩公司开发的 MPman F10，它也不是唯一一台超大容量的音乐播放器，尽管当时的消费者对于这样一台小小的音乐播放器能够存下上千首歌感到无比惊讶，但造成这种反差的根本原因是对 MP3 产品的表述方式不同。

在 iPod 出现之前，很多人对听音乐的印象都是使用磁带或者 CD 机，一张 CD 的容量也不大，最多 10 来首歌，播放起来也很麻烦，不但需要一个体积和重量都不小的 CD 机，听完还要手动换碟片。

其实当时市面上已经早就有了 5GB 容量的 MP3 播放器，但为什么不像苹果的 iPod 一样成功呢？乔布斯提出了一个新概念——把 1 000 首歌放进口袋。我们来做个比较，“5GB 容量的 MP3 播放器”vs“把 1 000 首歌放进口袋”，你作为消费者觉得哪个更能听懂？哪个产品会更让你动心？尽管从容量或者本质上来说，这两者根本就没有区别。

但表述不同，造成的效果就截然不同。5GB 并不是从听众的角度来表述的，而是从工程和技术角度，也就是从生产厂商最引以为傲的产品角度来讲的。乔布斯的天才之处是明白作为电子消费品，iPod 面向的是普通消费者，只有站在他们的角度来描述，他们才会听懂。

这就是好概念的力量，它不仅仅是创新的起点，是创造风口的助力，也会成为跟消费者沟通的桥梁。哪怕只是在人群中不经意地看了一眼，也会难以忘记这么优秀的好概念。

好的商业概念能“一针捅破天”

不可否认，我们对“概念”的印象并不好，因为从小读书考试的经历会给我们打上一个思想钢印，概念是那种抽象又难记的东西，数学的概念、物理的概念、生物的概念。大概率还是那种需要我们动手默写的填空题，背不出来就没分。

但在商业世界里的“概念”是很好玩的，就像乔布斯给 iPod 创造的概念那样。而且做不对也不会被扣分，做对了说不定会有巨大的收益。在阅读这本书的过程中，我保证你会体会到这点。

比如，说起星巴克、爱彼迎、优步打车，你会想到什么？有辨识度的 logo，方便、高质量的服务，还是“第三空间”“住进陌生人的家”“坐上陌生人的车”？如果要把这所有的一切，都打包变成一个对消费者来说有趣好记，对品牌来说表情达意的概念，并且要求保持简洁精炼，要怎么做呢？我从这本书中得到的收获是，要创造出这样优秀的商业概念来，不靠灵感，也不需要专业广告公司的介入，你自己就能做，因为是有方法和工具可以使用的。

尤其是对初创企业的创业者来说，还处于没钱也没资源的阶段，这个时候一个好的“商业概念”可以帮你吸引投资人，传达你的商业愿景，还能吸引潜在的消费者，简直就是“一针捅破天”的利器。

如果可以选择，在商业世界里，你更愿意成为一个追逐风口的人，还是创造风口的人？相信大概率你的选择应该是后者。那么如何才能创造出风口来呢？又或者说，想要创造风口的第一步，应该是什么呢？其实就是从一个“好概念”开始的。

更棒的是，这虽然是一本讲“概念”的书，但一点都不抽象，有很多像 iPod 这样好玩有趣的故事案例辅助你的理解。认真读完，说不定你就会有机会成为下一个创造出风口概念的缔造者哦。

在“目录被打乱”的世界里，如何让人对你“有个概念”

华 Sir
胜加集团首席创意官

我的高中历史老师在第一堂课上就教给我们一个当时不觉得有什么用，但直到今天依然令我受益的概念。他说：“学好历史课的第一步，就是要学会背课本的目录。当你完全记熟了目录，你就记住了历史的发展脉络，你就有了一根学习历史的主心骨。”

“首先掌握目录”，不知不觉已成为我读书的一个重要概念。乃至此刻翻阅眼前这本《概念力》时，我会产生一个“暴论”：只需要认真阅读和体会这本书的目录（也包括每个章节里的小标题），就已经值回“票价”，同时也能基本掌握概念力的运行机制本身。

“暴论”的提出，肯定与我和本书作者同为广告创意总监的职业角色有关（此刻我在想象中与细田老师拥抱致意）。他的目录部分几乎都可以在我的广告实践中找到印证：我们把“美团 24 小时买药”这个信息转化成“真正值得口碑相传的广告”这个传播概念，就是从一个好问题开始的；把默沙东给男性的 HPV（人乳头瘤病毒）教育转化成请女性告诉男性“不只女性，男性也应该预防HPV”，就是从顾客视角设计的洞察型故事；而当我们把“30 分钟好货到手”的美团闪购品牌转化成“你的下一代购物方式”这个概念时，恰恰是从未来视角设计的愿景型故事。

如果同样用未来视角来看一下本书，概念力在将来只会越来越重要。因为今天我们所处的是一个“目录被打乱”的世界，我们并不清楚自己身处何种进程、何种章节之中，人们的注意力在大部分时间都处于“涣散”的状态。我们想兜售的品牌、产品、计划，人们只会给我们“看一眼概念”的时间。我们可能要穷尽本书教给我们的本事，才能换来别人对我们“大概有个概念”的反馈。相信我，这在未来已经算得上了不起的成就。

回到我们各自所从事的工作，概念力无疑会成为重要的推动力。但这股力究竟推动我们前往何方，却值得忙碌的我们时不时停下脚步，进行觉察与调试。今天的中国消费者是世界上第二大谜一般的生物（我认为排在第一位的是猫），一方面，他们会热衷于为各种热门概念买单，只需要观察过去两三年各个消费领域受到追捧的商品，你就会发现，走情怀与情绪路线的概念大行其道；另一方面，在任何社交媒体的评论区，消费者又会呈现出聪明、清醒且毒舌的一面，对于过度的概念包装有着火眼金睛，在批判概念制造者的虚情假意时毫不留情。

我们呈现给世界的概念，究竟是一个真正有用的概念，还是一个装作有用的概念，这是一个很要命的问题，也是一直折磨我自身工作的一个痛点。一位中国最知名品牌之一的品牌操盘手的一番话曾经让我反省和琢磨了很长一段时间。他说，营销都是在抓人的贪嗔痴，击打人们的贪念、愤恨和恐惧，这些做法确实在很多场景有效，但更好的营销是唤起人的真善美。

“真善美”这三个字说出来，恐怕还是会被“毒舌”们奚落吧。但在我的实际工作和观察中，我确实看到过不少发心于真善美的产品人和品牌人，他们不一定都已经取得了商业意义上的成功，但都在努力让自己的产品和品牌对消费者真正更有用一点、更舒服一点，对生活的帮助更多一点。由此生长出来的概念以及相应的内容，也会变得更有人味、更有用。

其实，这也是我建议你在读完本书目录之后阅读本书的最佳方式：带着一颗或求真，或为善，或爱美的发心，体会概念力的各个内在构成，探索概念力的各种可能性，并将它带入你的主张、内容、产品和品牌，而人们也一定会由此感受到你的存在与不同。

推荐序四

概念力是真正的新质生产力

晃 总
北京一起传播创办人、《给创意新人的100个基本》作者

我做房地产广告多年。20年来，大概做过上百个房地产项目的广告全案。在中国教科书般精细化的房地产广告实操中，在数百个环节之中不断往返重复的营销赋能下，对于创作者而言，最重要的竞争力从来只有一个，就是概念力。

为什么？因为概念是所有的统领，是启动的按钮，是一座房子、一个社区、一个项目最重要的灵魂。因为大部分的房地产项目没有本质的区别，都是在土地上建造房子而已。早期，建筑设计师还能凭借超强个性赋予项目独特的气质，但是越来越市场化之后，从规划到园林，从立面到户型，越来越集成化，越来越复制化，越来越低成本化，越来越同质化，越来越难有特色和区别。因此，我们迫切需要概念。概念赋予项目特征，概念赋予项目意义，概念赋

予项目新的价值，概念让普通的项目变得很不普通。

北京有个很有名的项目，在当前被誉为北漂年轻人必居之地，叫作北京像素。这是一个很不像房地产项目的名字，但恰恰是因为“像素”这个名字和概念，我们赢得了当时的那场比稿。开发商将四层的企业独栋变成了几十层的 LOFT，一个又一个的立方空间成为年轻人的新家，立面也是一格一格的。它像是我们每一个手机前的个体，每个人都孤立地生活在北京这座大城市里，每个人彼此并不相连，却相互聚集。这与照片像素有共通之处：一格一格的世界，一格一格的画面，一格一格的人，一格一格的家。这就是像素人，这就是北京像素。北京像素赋予了一个项目新的按钮，以至于日本一家著名的建筑设计公司根据这个名字以及 LOGO 重新设计了建筑立面，把最早的黑白格子版本换成了彩色的版本，这就是概念力的力量。

《概念力》这本书让我第一次看到有图书如此全面地阐释和提炼“概念”这个在创作中最易被忽视的基础价值，而且它更好地表述了“创造概念，就是创造新的意义”这一观点。因为每一种新鲜的事物，首先是一个新的概念，进而才生成新的认知，最终落地成为新的价值和意义。

若干年前，我很喜欢《新周刊》，每一期都是一个新概念，比如“第四城”“周一恐惧症”等。这些概念激发了我创作生涯很多新鲜的想法，《概念力》这本书也如是，因为概念力才是真正的新质生产力。

概念力，产品和服务的“价值设计法”

本书的意义在于“创造”概念，书中系统地总结了人们从最初构思概念到最终完成概念创造的整个过程，其中包括思考创意、拓展构思以及将思考转化为语言文字等步骤。对于一些工作，人们会认为只有借助灵感或具备天赋才能完成，本书对此也尽可能具体地做出了阐释。

初学者或缺乏自信的人只要按照本书提出的步骤坚持进行思考，就一定能够创造出有意义的概念。在此过程中，你还会认识到创造性地运用思维和语言是一件很有趣的事。

有的人曾经尝试过创造概念，因此会认为自己没有必要从基础学起，但其实创造概念与打棒球类似，若只依靠直觉，取得的成果是不稳定的。棒球球员只有从头掌握基本动作，才能稳定地发挥出实力。

本书还详细阐述了洞察、愿景、使命和目标这 4 个与概念密切相关的方面以及它们的制定方法，帮助你全面理解表达与管理之间的关系。

在这个时代，学习如何创造概念具有重要的意义，本书的目的就是帮助读者提升创造概念的效率。

没有不需要概念的工作

在日本，人们依然没有真正理解概念的重要性。在从通缩型经济环境中获取的成功经验的长期束缚下，日本人已习惯了用低廉的成本制作优质的产品，从而拒绝做能创造全新价值的工作。这导致日本的优势仅体现于零部件制造业等一部分以生产物美价廉的产品为准则的领域。或许是出于对这方面的反思，如今日本的各行各业都在寻找具有创新思维的人才。

创造概念已经不再是一部分人专属的工作，除创业者、开发者、创作者外，商务人士如今也需要具备将构想转化为语言文字的能力。毫不夸张地说，在这个人人都应创新的时代，创造概念已成为一门基础必修课。

大数据、人工智能、数字化转型、区块链、Web 3.0、量子计算等技术主题接踵而至，**但无论下一个新技术是什么，商业经营的**

本质课题都不会改变，即“为谁创造什么”。

概念是产品的“样机”

当你试图创造新的产品、服务、内容、解决方案和业务等尚未出现的某种事物时，能够准确描述该事物的语言其实也不存在。但是，如果你不能将它描述出来，你便无法进行深入的思考，也无法与他人就此展开讨论。因此，创造新事物的人应该同时开发语言。

有人会怀疑是否所有的工作都需要语言表达，也有人会反驳说一些行业的兴起并不需要创业者具备语言上的能力。然而，即便是那些高度依赖直觉和感性判断的领域，你在仔细观察后也会发现，在进行创造的初始阶段，是语言发挥了至关重要的作用。

例如，日本代表性的时尚品牌三宅一生以“制作跨越东西方的世界服饰”为目标，自始至终以“一块布”的概念设计服装。通过人体和服装塑造出空间轮廓，人在做动作时会感受到面料给肌肤带来的呵护，三宅一生用“一块布”的概念将上述构想立体化，并提出了具有普适性的时尚理念，而以“三宅之褶”为代表的创意服饰也源于深刻又简洁的语言。创始人去世后，这一概念又被新一代的设计师所继承，并通过他们各自独特的诠释方式得以持续发展。

在时尚行业，美国时尚品牌艾芙兰以“极致透明”（Radical

Transparency）为概念，证明了企业态度可以为品牌构建坚实的基础。针对不透明的价格设定以及大量废弃物带来的环境问题，艾芙兰勇于正视，并公之于众，因此得到了年轻消费者的喜爱。

为产品趋于同质化的香水行业注入全新活力的馥马尔，提出了“香水出版社”的品牌概念。它将幕后默默无闻的调香师推至台前，将才华横溢的调香师比作编辑香水之人。如今的香水行业因大众市场的发展已日益趋同化，但馥马尔因其个性而大获成功。

在建筑行业，位于日本金泽市市中心的金泽 21 世纪美术馆是一个典型案例。这座被玻璃 360 度环绕的开放式建筑没有正面与背面之分，人们可以从任何一个方位进入。这座深受日本广大市民喜爱的场馆以“向城市开放的公园式美术馆”为概念设计而成。

即便是高度依赖设计或图纸等视觉内容的行业，人们在呈现设计本质内容时用到的也是语言。而在需要人们进行深层次逻辑沟通的行业中，概念的重要性更是不言而喻。

产品或服务，硬件或软件，不同产品或主体的概念产生过程千差万别。然而，会创造出优秀概念的人都有一个共同点，那就是他们能够巧妙地运用概念。他们能从无到有地创造新的概念，并将其分享给同事、顾客；他们能毫不吝啬地拆解概念，再重新构建。可以说，概念是人们不用花一分钱就能得到的试验品，充当着“样机”的角色。

意义比功能更重要

毫无疑问，具有概念创造思维的人在今后的社会中将变得愈发重要，因为随着产业结构的变化，社会对概念标准的要求将日益提高。斯德哥尔摩经济学院的罗伯托·贝尔甘迪教授就指出，比起技术与功能，现代社会更需要具有意义的创新。

贝尔甘迪以蜡烛为例对上述观点进行了说明。随着电灯的问世，蜡烛不再具备照明的功能性作用，人们备用蜡烛最多是为了在停电的时候使用。然而，在 2000 年以后，蜡烛的销量却在许多发达国家持续攀升，原因就在于人们在蜡烛身上发现了能替代其照明功能的新意义。在电气时代，蜡烛作为一款能够制造温馨气氛的香薰产品得以延续其“生命力”，有的蜡烛价格甚至远超高端的 LED 灯的价格。如果我们认为创新只体现在技术的先进性上，那么将永远解释不了这种价格逆转的现象。

在一些产品功能和规格已经趋于成熟的市场，人们会为概念付费。这种变化如今正在向更多的产业蔓延。

概念是提高效率的关键

创造概念也有助于我们提高日常的工作效率，如果我们能创造出有意义的概念，就可以将原本模糊的想法清晰地传达给他人。概念经过人们的口耳相传能得到迅速的传播，还能活跃会议的讨论气氛、引发员工新的想法。概念能帮助你在面对决策者做汇报时表现得更好，因为位高权重的人往往会青睐言简意赅、重点突出的提案。概念会成为市场营销的起点，进而转变成广告内容，并最终形成商品，来到消费者面前。

概念可以在团队建设、合作谈判、产品演示、市场营销等各个环节灵活地发挥作用，帮助团队完成工作。对于那些忙得没有时间开发新创意的人来说，学习如何创造概念大有裨益。就如同投资者让金钱运转起来一样，企划者应该学会如何让语言发挥作用。

创造概念也有“套路”

创造概念是个人发挥创造力、提高工作效率的关键，但一些初学者总是不知道要从哪里学起。我也不知道有什么书可以帮助他们创造概念，因为市面上流通的相关书籍几乎都只针对特定的用途进行分析，或总结个人的成功经验。至今，我不曾看到有哪一本书提出了通用于各类商业情境的学习体系，而我也一直在寻找一本讲授了概念的基本知识的书。

作为创意总监，我一直在广告公司从事文案策划的工作，主业是制作广告，同时也负责一些其他工作。2005 年之后，在为客户公司策划广告和公关方案的早期阶段，我经常会被邀请去参与这些公司的相关课题研究。若是等到制作广告时才发现公司还未找到产品的价值就会来不及，因此，我认识到应该在一开始就将概念思维融入产品和服务本身。值得庆幸的是，越来越多的公司高层认识到了此类问题的本质，从而将概念上的竞争提到了更加重要的位置。

当我最初被派至客户公司，接下创造概念的任务时，我也曾感到困惑。不同的公司和行业有着截然不同的产品或服务开发风格，从一家公司积累到的知识和经验，并不足以直接应对其他公司的业务。因此，我必须在每个项目上用完全不同的方法创造概念。

我对某美妆品牌的概念创造始于在该品牌研发实验室学到的新技术。我先是正确地理解实验数据，再在此基础上思考这个技术能够解决哪些人的哪些烦恼，提供哪些好处，最终将思考出来的内容整合到了品牌概念中。

我对某家电品牌的概念创造是从观察消费者的日常起居开始的。通过观察人们的日常生活，我获得启发，据此建立概念假设并迅速制作模型。在 2010—2015 年掀起的设计思潮中，这种做法一度非常流行。

在某 IT 公司新开发的项目中，我将项目创始人的想法转化为公司目标，由此逆向推导出了该公司的业务概念。在特定技术和用户尚未明确的阶段，个人想法也能成为创造概念的依据。

在和初创公司合作时，我又用到了其他方法。随着业务不断发展，初创公司需要迅速更新概念，因此，我会反复斟酌措辞以塑造公司的商业形象。由此可以看出，创造概念的人需要具备极强的灵活思考能力。

面对各种行业和主题，我经历过无数次的成功与失败，而一些不经意的瞬间，或许也是我们思考概念的最佳时机。还记得写下第一个概念时，我小心翼翼、如履薄冰，但如今的我理解了创造概念的基本原理，逐渐找到了自信，也因此能够为客户提出确切的方案。

我的一家客户公司曾在组织员工培训时，委托我去讲授一些概念创造相关的知识，也就是从那时起，我与帮助人们创造概念结下了不解之缘。当时，委托方强调从事经营、开发和市场营销的商务人士都应该成为擅用概念之人，对此我深表赞同，于是以自创的概念制作模板为基础，着手开发培训计划。就这样，我在各类企业和高校中讲授概念创造方法，至今已有 10 年。同时，我也从 2 000 多名学员处获得了反馈，并基于此实时更新我的培训内容。

本书将这些成果整合在了一起，当然，其中也包含了我过去从各位合作者和学员那里获得的启发，从一定程度上说，这本书是我们的共同创作。本书内容不会侧重于特定的行业或职业，而是通用于各个领域。

我曾发现大部分学员在一开始会认为概念是有天赋和才能的人才会写出来的东西，这其实是一个巨大的误解。有的人不擅长创造概念，并不是因为缺乏天赋，也不是因为缺乏才能，而是因为没有理解创造概念的“套路”。有很多人最初对概念一窍不通，但在理解了创造的“套路”之后，他们恍然大悟，提出了让周围人惊叹不已的概念。当然，任何模板都有其局限性，让所有事情都顺利进行的魔法工具并不存在。然而，**当你认识到模式的限制时，也就意味**

着你已掌握了相应的技能。这也正是本书的价值所在。

一旦掌握了概念创造的基础知识，我们在面对新的业务时就会心怀期待。我们对于生活和社会的设想可能会被人嘲笑为妄想，可一旦你将它转化为具有说服力的故事或一行短语，他人的反应也会随之改变。有人会希望与你共同实现理想，也有人想为你投资，不知不觉间，你的拥护者会纷至沓来，而以概念命名的设计图纸也最终变成了现实。希望你能够通过阅读本书实现这一终极目标。我希望本书能够为此刻正在努力创造新事业、新产品、新服务、新内容，以及任何形式的全新价值的人提供帮助。

手把手教你提升概念力

在进入正题之前，我先来介绍一下本书的构成（见图 0-1）。

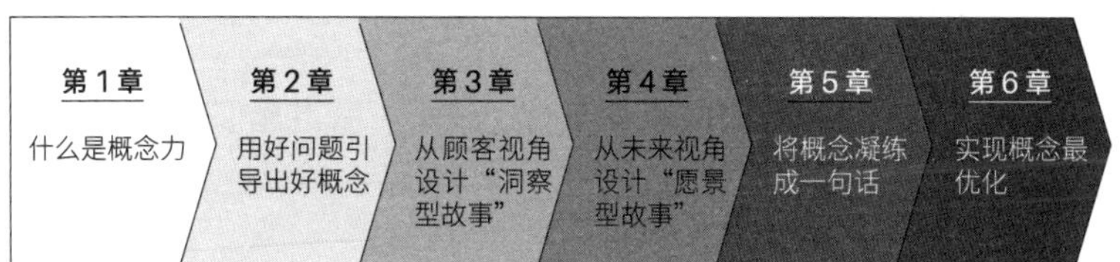

图 0-1　本书的构成

第 1 章总结了概念的定义与条件，解答了什么样的表达是概念，什么样的表达不是概念，并提出了区分好的概念与不好的概念的方法。在理解了一个概念之后，你还要做到向别人进行解释。

第 2 章阐释了设定问题的方法。之所以要从问题入手，是因为问题可以限定我们看待事物的方式。你还将在本章中学习重塑框架法，通过重新设定问题获得新的视角。

在第 3 章中，我将一边设计故事，一边引导你思考问题的答案。你还将学到如何设计“洞察型故事”，这是一种以顾客矛盾心理为出发点创作故事的方法。

在第 4 章提到的“愿景型故事”中，我将以企业或品牌未来的理想目标为基础，进行逆向设计。面对审视内心的洞察型和预测未来的愿景型这两个视角，你可以进行巧妙运用，创造富有深意的概念。

第 5 章会介绍将概念凝练成一句话的具体方法。我将结合基本语法结构，阐释将概念凝练成关键短语的几个步骤。由此，你会发现所谓的语言感知力，是可以通过努力学习练就的。

第 6 章对“概念最优化”进行了讲解。我准备了通用模板以分析各类商业环境，并主要围绕产品开发、市场营销、组织价值观的概念最优化这 3 个方面进行了阐释。

最后，我在附录中设置了问答环节，总结了人们经常会提出的问题，并做出了回答。

始于问题，设计故事，凝练成一句话，整合为一张图，本书的各章节按顺序体现了创造概念的各个步骤。想要学习概念创造全流程的读者可以从头学起，而想要寻找工作灵感的读者可以在读完第1章之后，选择对自己有用的章节进行选择性阅读。此外，从第2章开始，我加入了一些小练习供你进行思考。每项练习都有一个建议时长，你可以在10分钟内完成，也可以在一周内完成。你还可以在时间允许的情况下边阅读边思考，同时付诸实践。

本书介绍了大量的概念创造案例，每一个案例都取自图书、论文、报道和本书作者的采访。在选择案例时，比起新颖性，我会更注重确定性，也就是说，我选择的都是经过一段时间后已经确立的、得到了大众评价的概念。书中介绍的大部分企业、产品或服务至今仍处在发展阶段，在未来，它们可能会获得更大的成功，也有可能口碑崩盘，还有可能与本书的分析背道而驰。这是涉及商业环境实时情况的书籍必然会遭遇的风险。

然而，我坚信，无论处于何种情况，本书介绍的每一个案例都值得我们学习。如果这些案例在吸引消费者、推动市场发展方面起到了决定性作用，那么我们就可以从中找到创造优质概念的原理。此外，如果案例所涉企业、产品和服务在后续发生风评上的变化，那么通过考察包含理由在内的所有要素，我们也能够从不同角度学到一些东西。

目 录

コンセプトの教科書

あたらしい価値のつくりかた

第1章

什么是概念力

创造概念是一项工作，
它通过描述事物的意义，
来创造事物的价值。

コンセプトの教科書

“概念”可能是最常被滥用的商业用语，很少有人能够说出其真实含义。概念的英文单词 concept 源自拉丁语 conceptus，原义为“抓住”，但具有讽刺意味的是，人们并没有抓住“概念”一词本身的意思。

概念到底发挥着怎样的作用？好的概念与不好的概念有什么区别？第 1 章的主要目的就是帮助读者理解何谓概念，共同探寻概念的作用与定义。

概念，贯穿整体的新观点

摇滚史上首张概念专辑

《佩珀军士的孤独之心俱乐部乐队》(以下简称《佩珀军士》)是披头士乐队的第 8 张专辑，于 1967 年 6 月发行。该专辑斩获 4 项格莱美大奖，全球累计销量高达 3 200 万张，被很多人视为披头士的巅峰之作。2003 年，在《滚石》杂志评选的“史上最伟大的 500 张专辑”榜单中，《佩珀军士》排在首位，并在此后的相关评选中一直位居前列。

《佩珀军士》被公认为“摇滚史上首张概念专辑”，但也有人对“首张”这一说法提出异议，他们认为在《佩珀军士》之前已经出现了类似概念专辑的作品。与此同时，支持者们认为综合衡量专辑的完成度与历史影响，将《佩珀军士》称作首张概念专辑是毋庸置疑的。对此，我们很难轻易下定论，但如果说《佩珀军士》是定义了“概念专辑”的代表性作品，我想没有人会反对。

在此，我们应正确理解“概念”一词，《佩珀军士》既然打出了概念专辑的旗号，就说明它必然有别于普通专辑。那么，概念专辑和普通专辑的区别究竟是什么呢?

直截了当地讲，两者的区别在于“整体连贯性”。在概念专辑这一概念产生之前，常规的音乐专辑不过是将几首单曲打包在一起而已。但披头士乐队能够在专辑中将各曲目联系起来，使专辑整体显现一种故事上的连贯性。

专辑的整体设定是，一个名为“佩珀军士的孤独之心俱乐部乐队”的虚拟乐队为庆祝乐队成立 20 周年，举办了一场小型音乐会。专辑第一首曲目开头为来宾的喧闹声，之后还夹杂着乐队成员的自我介绍、观众的掌声和欢呼声。可以说，这种演绎形式给当时的人们带来了极大的震撼。

专辑的封面设计同样新意十足。组成虚拟乐队的 4 位披头士成员站在正中间，旁边是各路名人的拼贴肖像，包括鲍勃·迪伦、玛丽莲·梦露、心理学家卡尔·荣格、作家埃德加·爱伦·坡等（见图 1-1）。

图 1-1 《佩珀军士》专辑封面

图片来源：https://www.universal-music.co.jp/the-beatles/products/uicy-15600/

该封面的设定为，在音乐会结束后，乐队成员与各界名流合影留念。此外，为了向人们传达专辑整体的设计理念，披头士乐队还标新立异，将歌词放进了专辑中。这无疑是一个划时代的创举，因为在当时的欧美乐坛，专辑中并不附带歌词。

《佩珀军士》在销售策略上同样重视整体连贯性。当时的歌手会在发行专辑的时间点之前或之后选择专辑中的单曲单独发售，但披头士乐队从未单独发售过专辑里的任何一首单曲（唱片公司曾根据情况出售过单曲）。由此可见披头士乐队对这张专辑整体性的重视程度。

日本《明镜国语辞典（第二版）》对“概念”一词的解释是“贯穿整体的新观点”（见图 1-2），再结合前文讲到的概念专辑，想必你能够对概念产生更加合理的理解。由此可见，概念一词的含义已经从“抓住”演化成了将分散的要素“贯穿”起来。

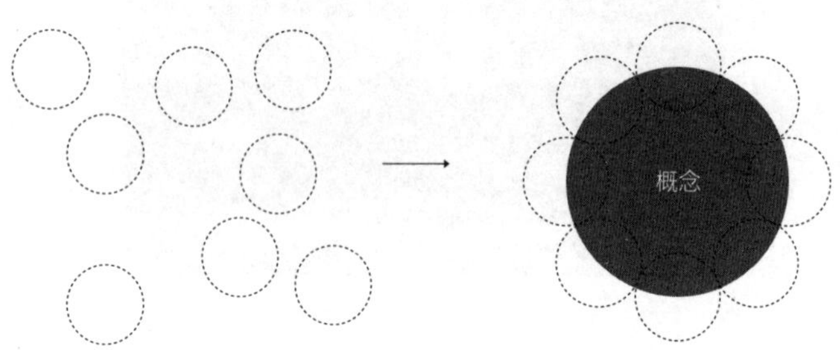

图 1-2　日本辞典对“概念”的定义

尝试用一个故事贯穿专辑整体是披头士乐队在《佩珀军士》中所追求的音乐表现形式，而继披头士乐队之后，音乐家也不断扩大这一“整体”，所涉及的范围不局限于专辑，还包括了现场表演、潮流衣着、言行举止和创作过程等各个方面。如今，将音乐创作者的人生打造成一个完整的故事，形成作品，已成为乐坛的共识，创作者也已然从贩卖音乐的音乐家变身为以音乐为中心贩卖整体世界观的艺术家。这种变化的内核正是基于人们对概念的思考。

本书至此已解释了概念的一般定义，而随着阅读的深入，你可以对照图 1-2 进一步认识到，概念是一个中心，能够将分散的各个构成要素联系在一起。

接下来本书将通过商业实例，进一步探讨什么是概念。在商业领域，到底什么样的表达才能位于中心，成为贯穿整体的新观点呢？

爱彼迎，重新定义旅行的意义

现在的创业者更像是艺术家，他们酷爱 T 恤衫等休闲着装，蓄起胡须，出门就坐私人飞机。他们不仅在行为表现上与艺术家相似，在运用概念改变他人的价值观方面也与艺术家如出一辙。

2007 年，正值《佩珀军士》发行 40 周年，从罗得岛设计学院毕业的布莱恩·切斯基（Brian Chesky）在搬到旧金山湾区后，一直忧心忡忡。因为旧金山的物价昂贵，布莱恩很难按时交付房租，迫不得已之下，他想出了一个主意：在网上出租闲置的房间，以赚取租费。布莱恩与室友合伙在空房间里放置了 3 张气垫床，通过提供早餐的手段招揽租客。为了扩大宣传，布莱恩创建了一个名为 AirBedandBreakfast.com 的网站，这就是爱彼迎（Airbnb）的前身。

没想到，布莱恩的这个小本买卖竟一时间受到了人们的青睐。在美国，每当出现总统竞选和音乐节等大型活动时，活动地点的周边酒店总是客满的状态，这导致有些人会因预约不到酒店而露宿街头。爱彼迎恰恰满足了这部分人的住宿需求。

然而，随着业务扩大，爱彼迎的局限性也很快暴露了出来。原因很简单：其他地方也出现了类似服务，而且很多人也不太愿意住在陌生人的家里。爱彼迎需要做出哪些改变，才能成为租客的首选呢？对此，布莱恩的团队第一次开始思考概念的含义。

布莱恩在思考过程中想起了他最初接待的三位租客：凯瑟琳、阿莫尔与迈克尔。当时，布莱恩不仅为他们提供住处，还会带他们去当地的人气咖啡厅品尝咖啡，在夜晚带他们去酒吧开怀畅饮。而一开始素不相识的三人，在分别时竟成了无话不谈的好友。想到这里，布莱恩才意识到，爱彼迎的真正价值在于带领租客深度体验当地的生活。

与此同时，布莱恩的团队还花费数月时间从全球各地精心挑选出 500 名客户，围绕爱彼迎的服务向他们征询意见。在收集意见的过程中，团队注意到客户反复提及的一个词：归属感（belonging），这个词本身有“住处”“所属”“成为……一员”的意思。与“归属感”一词的邂逅，使布莱恩的想法变得清晰起来。

无论身处世界的哪一个角落，人们都能在连锁酒店享受同等品质的服务，这种住宿体验固然很棒，但爱彼迎却为游客提供了一种与酒店截然不同的体验价值。通过爱彼迎，你可以在纽约独享商业区内的时尚 Loft；你可以在南法的农家院里借宿；你可以在旅途中像当地人一样生活，融入当地文化，甚至与当地人闲谈，结交新朋友。这才是旅行的乐趣，能够使游客从死板固化的旅行计划中解脱出来。

布莱恩还决定将企业概念定义为“让世界上的每个地方都成为你的家”，提出旅行的意义并不是简单地去一个陌生的地方（going），去观光（traveling）或去住宿（staying），而是为了“寻求归属感”。这个概念给爱彼迎以及旅行本身，都赋予了新的意义。

布莱恩还决定以此为契机，将爱彼迎从技术公司转型为接待公司。在向新的国家拓展业务时，布莱恩做的第一件事就是向当地派遣员工，即便花费大量的时间与金钱，他也要让员工先与房东建立联系，在理念上达成共识。爱彼迎的员工会反复强调，房东应提供的并不是物理意义上的房子，而是适合一家人共同居住的家。

爱彼迎在服务上贯彻这一概念，让游客有了全新体验。爱彼迎会请当地人做导游，带领游客体验当地独特的生活方式。例如，在日本，当地人一般会在澡堂泡完澡后去附近的小酒馆吃饭，爱彼迎会向游客提供同样的服务，导游就像是你在当地的朋友一样热情周到。

2014年，爱彼迎为了对外宣传服务概念，对品牌进行了全新升级。企业新开发的象征性标志“Belo”取自belonging一词的前4个字母，体现了爱彼迎让人与地点通过爱交织在一起，“让世界上的每个地方都成为你的家”的经营概念（见图1-3）。

图 1-3 爱彼迎 2014 年的新 LOGO 解说

图片来源：https://design.studio/work/air-bnb

实际上，在爱彼迎发布这一企业概念与企业标识之后，其支持者对此也是毁誉参半。针对企业概念，有人质疑它“像个嬉皮士的口号”“不过是理想主义罢了”，还表示“大家只是想少花钱（才会用爱彼迎）”。针对企业标识，有人严厉地指出“完全体现不出旅舍的形象”。然而，随着爱彼迎的租客在世界范围内不断增加，批评的声音也在不知不觉间消失了。爱彼迎在当时创造的企业概念与企业标识，如今已成为全球创业公司的范本。

企业概念发布后，爱彼迎的业绩一路突飞猛进。在 2020 年 12 月爱彼迎上市之际，虽然受新型冠状病毒感染疫情（简称“新冠疫情”）的影响，其市值仍能保持在 10 万亿日元以上。无论是在哪个时代，人们都希望通过旅行与他人相遇、相识。当今世界，人与人的交往日益淡漠，在许多发达国家，独居者人数激增，因此，寻找归属对很多人来说显得极为重要。爱彼迎虽然是数字时代下诞生的新兴企业，但其企业概念却深深扎根在人们最原始的需求上。得益于此，爱彼迎将自己打造成了能够在世界范围内引起人们普遍共鸣的品牌。

创造概念，就是创造新的意义

“让世界上的每个地方都成为你的家”虽不是名言佳句，且在英语中仅用 belonging 一个词便能概括，但是爱彼迎一语中的，有力地表明了为什么世界需要爱彼迎，提出了爱彼迎存在的意义。实际上，这句话正体现了当下一个概念应具备的精髓。

概念的一般定义是“贯穿整体的新观点”，在当下商业环境中，只有表示出“产品存在目的”，我们才能抓住概念成立的核心。为什么人们在电气时代还会生产蜡烛？人为什么探寻宇宙？为什么喝咖啡？为什么听音乐？为什么穿那件衣服？为什么读那本书？为什么要住在别人的家里？所谓创造概念，其实就是创造新的意义（见图 1-4）。

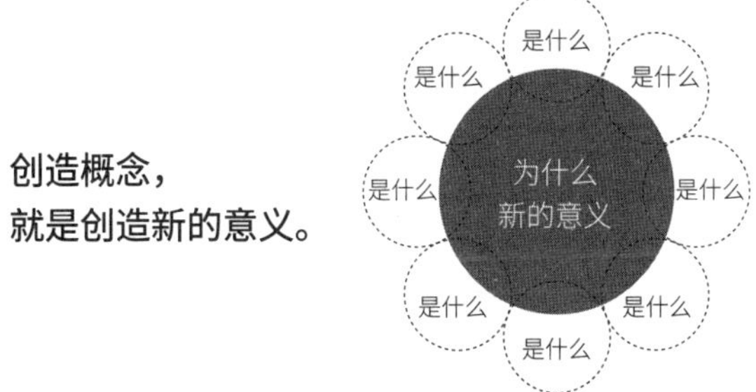

图 1-4　描述概念的准则

过去，人们会在 20 岁之后考虑结婚、买车、买房。人们会纠结于和谁结婚，买哪辆车，买哪套房，但几乎没有人会怀疑这种选择本身是否必要。在人一定会从各类产品或服务中选择一个进行消费的背景下，如果多个企业形成了竞争关系，那么差异化就会成为竞争的唯一焦点。于是，那个时候人们口中的概念，只是将产品的特殊功能和规格清晰地总结出来的句子而已。

但如今，情况发生了很大的变化。以结婚为例，它已经不再是人必须去做的一件事了，很多人认为即使不结婚也可以过得很幸福；人们也不再热衷于买车，因为现在既有拼车服务，也有打车软件可供使用，代替私家车出行的方式层出不穷；住房也是一样，人们不愿被房屋束缚，更加向往自由的生活方式。在时尚界，显现了差异化的设计已得不到青睐，很多发达国家的消费者日益倾向于朴实无华的打扮风格。在酒类市场也有一个不容忽视的现象是，现在的人们更倾向于少饮酒、不饮酒、不依赖酒精的健康生活方式。

人们在买某样东西之前，更想知道为什么要买，因此，现在的商业经营也不再强调产品是什么（What），而是将重心转移到为什么（Why）推出该产品上，开始更加注重产品存在的意义。

概念的 3 大作用

以探寻全新意义为目的的概念，在商业经营中发挥着以下 3 个方面的作用。

首先，概念向所有相关人士提供明确的判断基准。人会在创造某种产品的过程中连续做出多个决策，此时，概念就成了独一无二的判断基准。而在没有概念参照的情况下，人们只能基于一般常识或在考虑成本等数值的情况下做出决策，导致企业最终量产的不过是一堆毫无新意的廉价产品。

其次，概念赋予产品整体连贯性。从大方向到小细节，没有概念做参照，生产出来的产品就无法得到整合。而缺少明确概念的品牌、产品和服务，总会给人留下不协调的印象。

最后，概念是顾客消费的理由。正如营销学大师西奥多·莱维特所说："顾客不是想买 2.5 厘米的钻头，而是想要一个 2.5 厘米的钻孔。"这句话体现了在产品本身之外，产品存在意义有时也会成为顾客消费的理由。

提供明确的判断基准、赋予产品整体连贯性、成为顾客消费的理由，概念就像是建筑图纸，为买卖各方提供了需要遵循的标准。可以说，**在制作产品的人眼里，概念就是产品价值的设计图**（见图 1-5）。

概念是产品价值的设计图。	1. 概念提供明确的判断基准 2. 概念赋予产品整体连贯性 3. 概念成为顾客消费的理由

图 1-5　概念的商业定义

意义、价值与《蒙娜丽莎》

人们在解释何谓概念时，必然会提到的两个词，那就是“意义”与“价值”。虽然学界有各种论证，但是本书从意义优先于价值的立场出发，将这两个词进行区分。下面将结合一则逸闻进一步阐释意义与价值的关系。

众所周知，达·芬奇的《蒙娜丽莎》是卢浮宫博物馆的镇馆之宝。达·芬奇在作画时用到了多种绘画技法，其中包括使空间感更加逼真的空气远近法，以及通过无数次的罩染晕涂将轮廓虚化的晕涂法。然而，《蒙娜丽莎》在刚展出时只获得了专家的好评，还远不如现在这般价值连城，享誉全球。

真正使《蒙娜丽莎》声名鹊起的是 1911 年发生的失窃案。在 2 年后窃贼落网之前，这起失窃案引发了人们无尽的猜想，并在社会上引发多次讨论。其间还发生了时年 29 岁的毕加索被捕事件，事件的起因是毕加索从骗子那里买下一个雕像，而在骗子被抓后，毕加索作为案件相关人员也被逮捕了。经过当时的一系列事件，《蒙娜丽莎》失窃案变得人尽皆知。

《蒙娜丽莎》作为一幅失窃的名画，被赋予了非同寻常的意义，这种意义反过来又成就了这幅画的价值。虽然我们无法计算出《蒙娜丽莎》的精确价值，但在 2021 年 6 月，《蒙娜丽莎》的一幅复制品竟以 3.8 亿日元的价格被人拍下，着实令人惊讶。

通过这个案例，我们大致可以理解为什么人会通过寻找意义来体会一个事物的价值。根据这一观点，我们可以认为，创造概念就是通过描述事物的意义来创造事物的价值。

以概念为中心创造价值

星巴克的“第三空间”

概念能够揭示产品存在的意义，成为产品价值的设计图，下文将通过具体案例探讨企业对概念的应用。在第一个案例中，我们对星巴克进行了研究，星巴克作为一个全方位以概念为中心被设计出来的优质品牌而家喻户晓。只要查阅与概念有关的文献，我们就一定会看到星巴克的例子。

假如由我来介绍星巴克的特点，那么我首先会提到店内舒适的家具和布局，各个座位间距适中，为顾客提供了适度的私人空间。另外，柔软的沙发、舒适的座椅以及带有插座的餐桌，让人想要久坐于此。或许还有人会提到店内飘散的咖啡香气以及无烟环境，这些都是星巴克的特点。而店内播放的优美旋律、店员周到的服务，以及拿铁、星冰乐等招牌饮品，都让人流连忘返。

若要罗列出星巴克品牌所具有的全部要素，我想我们大概会得到一张无限长的清单。但实际上，这些要素均可以通过一个概念加以概括，那就是“第三空间”（Third place）。

“第三空间”这一概念由美国社会学家雷·奥尔登堡首次提出。

奥尔登堡认为，将人们现在的生活视为只在第一空间“家庭”和第二空间“办公场所”之间往返的观点是错误的，为了减轻现代都市人的压力，有必要建立第三空间。将学术界的这一术语进行应用的人，正是让星巴克家喻户晓的功臣——霍华德·舒尔茨。此前，舒尔茨一直立志在美国推广意大利的咖啡文化，而在听到奥尔登堡的理论后，他醍醐灌顶，意识到自己要打造的正是这样一个第三空间。

如图 1-6 所示，星巴克的所有构成要素都可以用第三空间进行解释。宽敞的布局、友好的服务、舒缓的音乐、柔和的灯光，这一切都彰显了星巴克作为第三空间的意义，为生活在高压下的都市人群争取到了片刻喘息的机会。由此可见，星巴克的概念作为贯穿其整体的新观点，真正发挥了应有的作用。

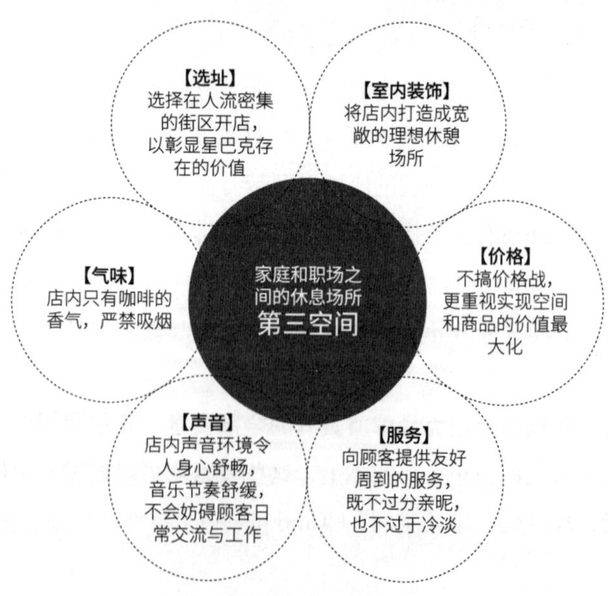

图 1-6　星巴克的概念创造

星巴克的概念创造之所以能够清晰地阐释整体与部分的含义，是因为其概念和构成要素之间建立了为什么（Why）与是什么（What）的关系。没有经验的人在描述概念时，普遍会写一个产品或服务是做什么的，以及怎么做，他们大概率会将星巴克描述为“在宽敞的空间里品尝美味咖啡的场所”。这个概念虽然能够说明星巴克的部分要素，却无法成为其他要素的判断基准，如店员应该如何服务，店内音乐应该如何设置等。所以，你要想提出全面的概念，就必须回答产品为什么而存在这一问题。

按照第三空间的含义，星巴克曾要求店员保持清爽的形象，从而为顾客带来好心情，因此，对店员的发型、发色等进行过统一管理。

而到了2021年，在进驻日本市场25周年之际，星巴克取消了上述规定。星巴克认为，在这个多元的时代，店员自然大方的行为表现更有利于为顾客营造轻松的氛围。星巴克取消对店员发型的限制，同样是基于第三空间概念进行的判断。

由此可见，企业应该在概念中回答“为什么”的问题，将其置于企业经营的核心，并根据时代的变化随时更新升级“做什么”与“怎么做”等构成要素的解释。

艾芙兰的“极致透明”

埃韦兰斯是艾芙兰公司在美国旧金山创办的时尚品牌，它采取

D2C 的直销商业模式，越过中间商和小卖场，将产品直接送到消费者手中。

D2C 树立了强势商业概念，敢于打破既定常识，并力争体现在产品和服务的各个方面，而艾芙兰可以说是美国应用 D2C 商业模式的先驱。如图 1-7 所示，艾芙兰推崇“极致透明”的品牌概念，宣称要彻底解决时尚界隐藏的所有问题，并在经营中全面贯彻该品牌概念。

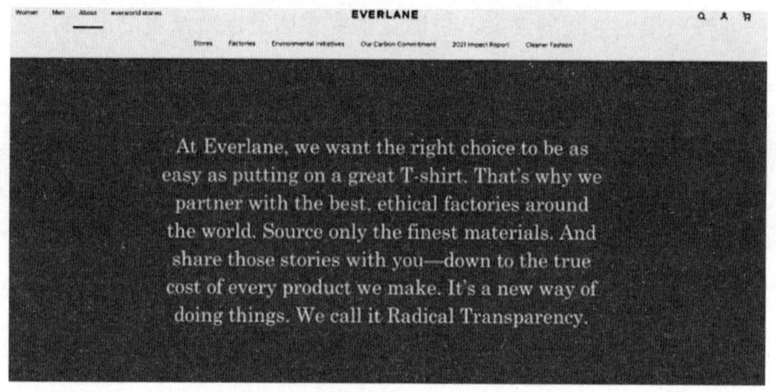

网页上的英文意为：艾芙兰本着像穿上 T 恤衫一样简单的想法，帮助人们做出正确的选择。因此，我们与全球符合商业道德标准的最优质的工厂合作，精心挑选原材料，并向消费者分享我们包括制造成本在内的生产全过程。我们称这种新方法为“极致透明”。

图 1-7　艾芙兰的概念声明

图片来源：http://www.everlane.com/about

说到时尚界隐藏的“不透明”的问题，人们首先想到的一定是价格。对此，艾芙兰直接向消费者公开商品的真实成本，从人工费到运输费，无一隐瞒。图 1-8 展示了艾芙兰与其他品牌同类商品的成本对比，体现了该企业主张消费者有权知道标价的依据。

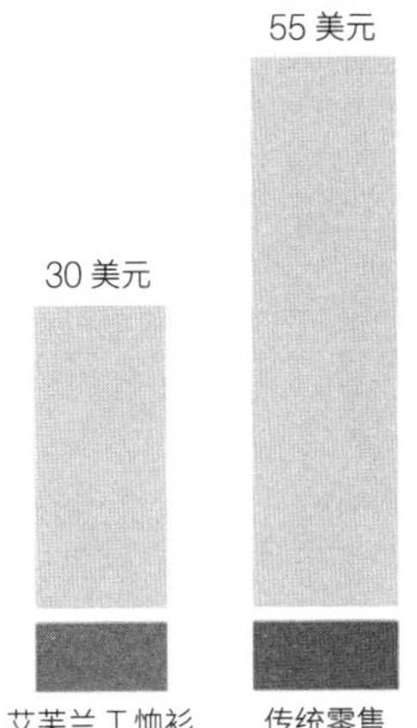

图 1-8　艾芙兰 T 恤衫成本说明

图片来源：http://www.everlane.com/about

如今的时尚品牌时常因为在严苛的厂商生产条件下压榨发展中国家的劳动力而引发社会问题，对此，艾芙兰在选择合作厂商时不仅从商业道德层面进行考量，还会在官网上公布厂商的名单与合同信息，并根据情况展示工厂实际生产的场景。

艾芙兰还建立了环保机制，告知消费者可采取自愿付费的方式，助力品牌减少生产过程中淡水的消耗量，并废除焚烧库存产品的处理模式，可以说，艾芙兰的所有商业策略均由“极致透明”这一概念引申而来（见图 1-9）。即使面对环保措施浮于表面的指责，艾芙兰依然选择公开信息，并发布新的产品线以应对质疑，自始至终体现出了坦诚的态度。

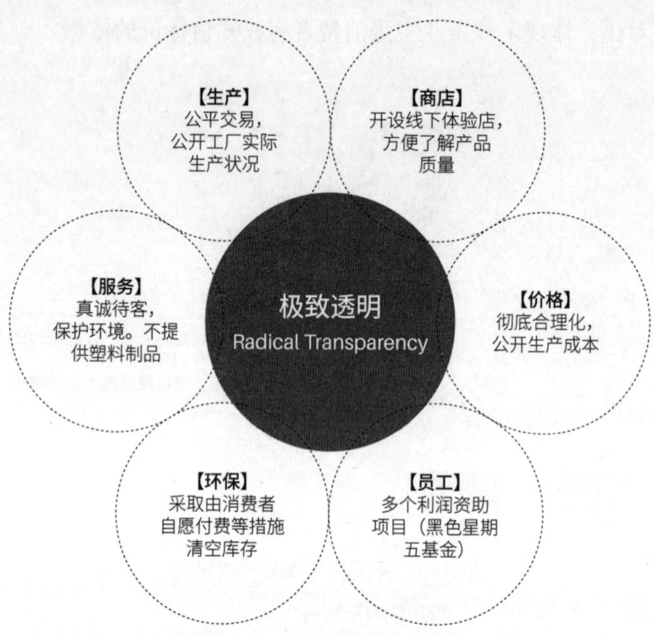

图 1-9　艾芙兰的概念创造

在美国大批时尚品牌陷入闭店困境的 2010 年，艾芙兰仍奇迹般地保持了业绩增长。这证明了在产品质量和品牌形象之外，公司的品牌理念和经营态度也能够成为吸引忠实消费者的利器。

创造有效概念的 4 个条件

概念有其自身的含义与作用，但并非只要具备了含义，我们创造的概念就是有效的。世界上存在着好的概念与不好的概念，那么区分它们的依据究竟是什么呢？下文将依次介绍创造有效概念的 4 个必要条件（见图 1-10）。

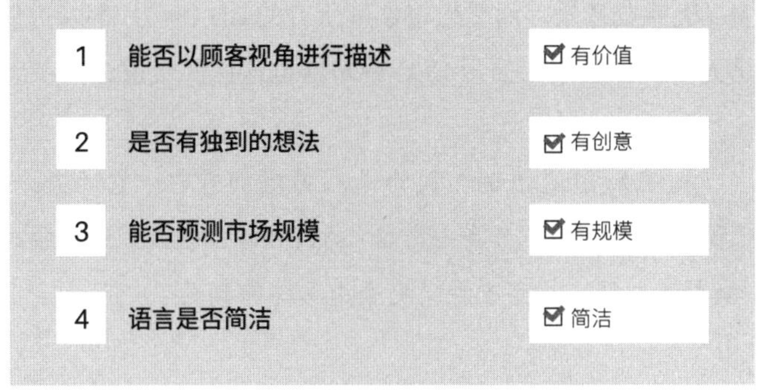

图 1-10 创造有效概念的 4 个条件

能否以顾客视角进行描述

有的企业会强调自己可以提供能够改变人们生活的创新服务，但顾客却未必买账。这是因为一个好的概念需要明确指出“让谁”“如何变得幸福”，体现出清晰的目标人群和产品功能。描述概念的文字必须十分考究，让顾客也能够认可。

世界上第一台 MP3 播放器是由韩国世韩公司开发生产的 MPman F10。此后，美国与新加坡的制造商相继开始生产 MP3，数字音乐播放器由此迎来了百花齐放的时代。然而，这个良好局面并没有持续太久，2001 年，一款产品彻底颠覆了市场，它就是苹果公司的 iPod。

iPod 的问世堪称后发制人的经典案例，有许多细节能够说明它为什么能够做到一家独大，但实际上，所有的原因都可以归结于它的概念：把 1 000 首歌曲装进口袋。当时，大多数人仍在使用 CD

机和MD机播放音乐，而要想将家里所有的CD和唱片都装进口袋，简直是天方夜谭。苹果公司CEO乔布斯也这样回忆道：

> 我深知iPod很酷，因为人人渴望拥有它。它的概念很简单，也很棒，只有一句话：把1 000首歌曲装进口袋。（摘自沃尔特·艾萨克森《史蒂夫·乔布斯传》）

当时，其他公司将数字音乐播放器市场的竞争视为一场技术规格上的比拼，因此提出的开发概念都是“容量为5GB的MP3播放器”等技术术语。也许有人会认为iPod的概念与其他音乐播放器的概念相比只不过是表述上的不同，但正是这种文字上的细微差异，导致了产品性能上的天壤之别。

其实，以“容量为5GB的MP3播放器”为概念的公司产品与iPod一样，也能够存储1 000首歌曲的数据，但人们在选择想听的歌曲时，需要按10次以上的按钮。而且，为了让歌曲名称展示在显示屏上，人们需要先操作小按钮输入每首歌的对应字母。此类播放器虽然在技术规格上十分先进，但顾客的使用体验却很差，这是因为根据产品开发概念，工程师的任务只是制造一台容量为5GB的MP3播放器，而使用上的便利性并不在他们的考虑范围内。

然而，苹果公司的研发团队通过把1 000首歌曲装进口袋的概念，展现了完全不同的画面。通过这个概念，你会看见一个人兜里揣着iPod，正在随意切换1 000首歌曲，而这是“容量为5GB的MP3播放器”这样的概念体现不出来的场景。根据iPod的产品概念，苹果研发团队会自然而然地产生疑问：如何用一只手操控 1 000 首歌曲？对此，团队制作了许多模型，并进行了无数次测试，最终开发出了触摸点击轮。此外，研发团队还设计了配套方案以方便用户快速下载 1 000 首歌曲，并为用户提供电脑软件以管理这些歌曲。由此可见，如此简单的一句话，竟能发挥出设计图纸的作用。

值得注意的是，容量为 5GB 的 MP3 播放器和把 1 000 首歌曲装进口袋实际上是一回事，只不过表述不同罢了。如果从顾客视角描述 5GB 规格，就可以写为存入 1 000 首歌曲；如果用简单易懂的语言解释 MP3 的技术格式，就可以写为播放器可以放入口袋。其中的区别就在于生产商是从技术的角度表述概念，还是从用户的角度表述概念。区分这两个短语的关键在于视角，而企业要想为用户创造有价值的体验，就应该从顾客视角出发创造概念。

人工智能、物联网、数字化转型、大数据、元宇宙、非同质化代币、去中心化自治组织，这些听上去高大上的概念，其实与容量为 5GB 的 MP3 播放器如出一辙，也是生产商从技术出发提出的。是继续陷于自我欣赏，还是将表达转换成从顾客视角出发的语言，这对概念创造者来说也是一个考验。

是否有独到的想法

如果我们从顾客视角出发创造的概念并非首创，或是平平无奇，那么这个概念也是毫无意义的，所以，你和你所在的团队一定要找到自身独到的构思。

谁都会说的话是没有意义的

当我在培训中让学员尝试创造概念时，他们总会用到"物美价廉""设计新颖""价格实惠""物超所值"等表达。但在我看来，这些词语全部属于"伪概念"。

在宣传产品时，"物美价廉"确实是一个褒义词，但人们并不能通过它找到一个品牌本身特有的意义。

举例来说，优衣库是典型的以低价提供高质量产品的全球知名企业，但其品牌概念不是"物美价廉"，而是"LifeWear"（服适人生），这一概念蕴含着优衣库以大众生活需求为出发点，持续带来历久弥新、兼具品质与细节的服饰的理念。

优衣库 Heattech 内衣采用保暖黑科技，其纤维材质能吸收人体肌肤所蒸发的水分，并将其转化为热量，提高保暖性。当下，科技已经改变了人们的生活方式，我们只要穿上一件 Heattech 内衣，就可以少穿一件外套，让冬日的装束不再显得臃肿。与此相对，AIRism 系列则采用凉感面料，以减少因汗水黏腻而导致的肌肤不适感。因此，在炎热的夏季，我们不用脱下衣服散热，只要穿上 AIRism 凉感内衣，就可以让身体感觉凉爽舒适。

源自生活需求、引领科技创新、改变生活品质，这就是优衣库 LifeWear 要传达的企业概念，在世界范围内，我找不到第二家能提供类似概念的服装公司。ZARA 和 H&M 虽然在市场份额上可以与优衣库相抗衡，但在品牌价值的深度方面，它们与优衣库并不在同一个层次上。

概念切忌“八面玲珑”

有时你可能会为了吸引所有人的注意，将常识和产品优点都写进概念，但其实你应该做的是让一部分人特别热衷于你的产品或服务，即便另一部分人并不喜欢它。无论是爱彼迎的“让世界上的每个地方都成为你的家”，还是星巴克的“第三空间”，这些概念在决定了为谁服务的同时，也明确了谁不是它们的目标客户。

爱彼迎并不打算迎合追求酒店式完美服务的人的需求，而星巴克从20世纪90年代开始就已将吸烟者排除在外，尽管当时吸烟者人数众多。结合当时的咖啡店经营方式，保守估计星巴克至少失去了一半的重度消费者。

你想努力取悦所有人，但到头来，没有一个人会感到满意。对此，作家村上春树曾在回忆自己经营爵士咖啡馆的往事时，发出过如下感慨：

> 有许多客人会到你的店里来，假如十个人当中有一个人说“这家店真不错啊，我喜欢，下次还来”，就足够了。十个客人当中只要有一个回头客，这家店就能维持下去。反过来讲，十个人中有九个人对这家店不满意，也没有关系。如果你这么想，心里就会轻松许多。与此同时，经营者要想方设法把这“一个人”服务好，让他成为店里的终身顾客。为此，经营者必须拥有明确的理念和策略，将其作为自己的旗帜高高举起，并且坚韧不拔、风雨无阻地坚持下去。这是我从开店的亲身经历中学到的。（摘自村上

春树《当我谈跑步时，我谈些什么》）

要想赢得一部分人的热爱，你需要同时被另一部分人讨厌。概念创造者要有这样的觉悟。

能否预测市场规模

我刚刚强调了概念创造者要做好被人讨厌的准备，但接下来我要说的是商业概念必须体现出产品或服务具有一定的市场规模，这二者听起来虽然有些矛盾，其实不然。以“十个客人当中有一个回头客”为例，如果最终得出的客户规模是 100 人，那么一家爵士咖啡馆或许可以经营下去，但这对于那些业务遍布全国的咖啡连锁店来说是不够的。所以，概念创造者还需要验证自己的概念是否可以帮助企业实现业务目标所需的市场规模。

目标范围是否过于狭隘

2010 年，日本环球影城（USJ）接待游客总量为 750 万人，而到了 2016 年，这一数字竟高达 1 460 万人。企业完成了近 2 倍的业务增长，而业绩复苏的一个主要原因便在于它重新审视了自己的概念。USJ 自开业以来，一直将自身定义为“电影专卖店”，而随着业务发展，经营者逐渐意识到，若 USJ 仍然拘泥于电影领域，其受众目标就会显得过于狭隘，因为大量数据表明，只深耕电影项目并不足以吸引更多的游客前来游玩。

对此，USJ 的经营者决定打造全新概念，将 USJ 定义为集结全球人气主题项目的“娱乐精选店”。此后，USJ 不再局限于电影领域，还开发了动漫、游戏、人物 IP 等领域的项目，力争将所有娱乐产业的爱好者都吸引过来。这一概念转变也说明 USJ 摒弃了潜意识里僵化的等级制度，即电影位于娱乐业金字塔的顶端，而动漫和游戏位列其下。现在，USJ 追求的是如何让游客感动得热泪盈眶，不再死守电影的世界。

在动漫领域，USJ 与人气动漫《航海王》、《哆啦 A 梦》和《鬼灭之刃》合作，在动漫迷中引发了热议；在游戏领域，USJ 在 2021 年建造了“超级任天堂世界”。作为新业态主题乐园，USJ 如今仍在创新的道路上阔步前行。

概念随目标群体的改变而改变

如果一个产品在市场中的销售额增速减缓，那么生产商可以将目标转移到受众更多的市场。而当目标群体发生变化的时候，企业可以借此机会重构概念。

海风（Sea Breeze）于 1902 年在美国研制成功，起初是一款以解决肌肤问题的家庭常备药为概念而被大众所知的产品。1969 年，在阿波罗 11 号首次实现了人类登月的这一年，海风进入日本市场。1980 年左右，海风将目标群体转变为年轻男性，凭借当时海上运动的热潮，海风将品牌概念重塑为“在夏日呵护男性肌肤，为您憧憬已久的海上运动保驾护航”，品牌产品由此一跃成为畅销商品。

然而，进入 2000 年之后，风靡一时的海风销量开始下滑，原因在于当时的年轻人已不再热衷去海边游玩。在寻找具有广阔发展空间的市场过程中，该品牌将目光投向了目标群体为高中女生的止汗剂市场。当时，止汗剂市场每年的增长速度接近 10%。

就这样，海风又将品牌概念定为“青春的止汗剂”，面向青春的高中女生进行宣传。Sea Breeze 的本义为“海风”，但此时的风不再同海上运动联系起来，而是象征着吹向青春的风。焕然一新的企业概念带动销售业绩节节攀升，与最低谷相比，海风的销售额增长了近 8 倍。

从家庭常备药到年轻男性的防晒护肤品，再到高中女生的止汗剂，拥有 120 多年历史的海风品牌经验已经证明，企业能够以目标群体为导向，不断精准地升级品牌概念。

概念不应成为企业自我满足的诗意表达，企业需要不断对照经营目标，验证其概念是否有效。

语言是否简洁

无论一个企业的概念多么从顾客视角进行描述，多么具有独创性，多么能预测市场规模，如果语言不够简洁，这个概念也无法发挥作用。概念创造者应该尽量用易于理解、易于记忆、易于传播的语言，以最简单的方式将概念表达出来。

提高符号性

举个例子，如果星巴克将品牌概念定为“为所有在城市疲于奔命的人提供休息的地方”，那么它还能取得今天这般辉煌的成绩吗？虽然这句话的含义和“第三空间”没有太大的区别，但这种表述方式着实欠佳。人们需要花时间才能理解这句话的含义，只听一遍的话，人们根本记不住它，也就无法与他人共享。所以，即使是精心构思的概念，如果句式太过复杂，就无法在消费者之间实现有效传播。而“第三空间”就具有易于传播的属性，能让人过耳不忘，也正是这种表达上的符号性，使该表达被星巴克选定为概念。

语言凝练

在一次概念培训会上，我曾以“面向 20 岁男性的香水”为主题，让学员撰写概念文案。其中有一名学员写道“作为商务装备的一部分，用芳香传递整洁的形象”。这个概念体现了具有说服力的市场分析与竞争分析结论，思路十分清晰，文字也易于理解。

但这个概念过于冗长，因此，我们进行了多次探讨，删减了无关紧要的部分，争取用最少的字数、最凝练的语言表达概念，最终敲定为：芳香，商务装的伴侣。此概念明确传达了一种观点，即在商务装的风格变得愈发休闲的时代，无形的香气取代了有形的领带，成为决定装束是否正式的第一要素。这个例子说明，适当删减有利于明确概念的含义。

词语能否激发人的热情

以上是创造有效概念的 4 个必要条件，此外，还有一个条件能帮助我们创造概念，但因为该条件与其他条件相比更依赖于人的主观情绪，所以我没有将它视为一个条件。其实这一条也十分重要，那就是“词语能否激发人的热情”。有资料表明，当一个人向他人分享“把 1 000 首歌曲装进口袋”和“让世界上的每个地方都成为你的家”等概念时，他自己的心情也会十分激动。

现在的人们普遍认为会冷静表达观点的人才够“酷”，很多人甚至无法接受他人热情洋溢的表达方式。但交流是需要温度的，当你热情洋溢地表述概念时，产生的效果将不同凡响。倾听者会思考你是否说了真话，是否值得信赖，确认你热情的程度，而理解你说话的内容则是次要的。

这个条件没有办法用理性论证，你可以尝试向他人描述一个概念并检验对方是否产生了兴趣。你需要进行慎重的考虑，再以热情感染他人。

识别伪概念的 3 个要点

为全面理解概念，我们需要先辨别出那些神似概念但实质上并不符合要求的伪概念。

概念不是广告口号

“东洋魔女”与“速度排球”这两个短语与日本女排有关，其中“东洋魔女”是日本国家女子排球队在20世纪60年代称霸一方时的称号。当时的日本女排在欧洲巡回赛中打出过24局连胜的骄人战绩，因此当地的体育报道将她们称为“东洋魔法师”“东洋台风”。日本媒体又将这一表述改为“东洋魔女”，日本女排的这个称号便由此而来。在随后的1964年东京奥运会，日本女排荣获金牌，自此，“东洋魔女”一词在日本迅速传播开来。

“速度排球”一词由中田久美提出，她曾于2016年出任日本女排主教练，在此期间，她强调球员要以最快的速度传球，接发球手要快速移动到球下，并在对手组织防守之前发起进攻。速度排球的核心战术即缩短从接发球到扣杀的时间，快打快攻，此打法虽有容易丢分的风险，但中田教练意图通过速度削弱对手身高上的优势。

东洋魔女和速度排球所体现的正是广告口号与概念之间的差异。“东洋魔女”是典型的广告口号，在实力超群的女排这一实体存在的基础上，媒体为了用外部视角广而告之，创作了“东洋魔女”这一表达。而“速度排球”与之相反，即先出现了速度排球，才有了日本女排的战术打法。起初，这个目标战术只是教练一个人的思考，因此她需要先组织语言、提出核心要义，再指挥球员与相关人员朝同一个方向前进。**广告口号与概念最大的区别在于广告口号是为了富有感染力地宣传实体，而概念是为了创造实体。**

有时候，概念文字也会兼具广告口号的功能，如iPod的“把1 000首歌曲装进口袋”不单是开发概念，同时也被广泛应用于广告宣传中。由此可见，完全以顾客视角创造的概念，不仅能够让工程师和程序员认可，还能吸引普通大众的目光。

概念不是点子

在创造概念的过程中，人们总是会将概念和点子混为一谈，对此，我们可以通过爱彼迎与星巴克的案例更好地理解二者的区别。

霍华德·舒尔茨想着“把意大利的咖啡文化带到美国”，这是一个想法，而不论这个想法多么天马行空，我们也不能直接将它当作概念。“把意大利的咖啡文化带到美国”的点子与“第三空间”的概念之间是存在差距的。

区分二者的关键在于，概念创造者是否从顾客视角进行思考，商业上的点子可以是一个人做生意的理由，但不能直接成为顾客消费的理由。星巴克的商业点子“把意大利的咖啡文化带到美国”缺少了对顾客的关照，因为顾客无法通过这句话认识到意大利咖啡的独特之处，而“第三空间”恰好能解答顾客的这个疑问。同样，爱彼迎的经营初衷是通过网络出租闲置房间，而其品牌概念“让世界上的每个地方都成为你的家”则是在该企业运营很久之后才确定下来的。

用你的点子打动他人，以顾客视角重新构建点子，你就会找到概念。

概念不是主题

在我的概念培训班上，有一位从事度假酒店开发工作的学员针对度假酒店提出了“健康与休整”这一概念。这个表述确实反映了现代人理想的度假方式，但没有体现出度假酒店的经营方式和经营手段。也就是说，这个概念不能为品牌价值提供设计参考。

“健康与休整”不是概念，称其为主题（题目）或许更加贴切，因为主题具有整合的作用。针对“健康与休整”这一主题，任何企业都可以就业务内容进行作答，但答案是千差万别的。主题与概念的关系在于，主题是指人都要面对的题目，而概念则指人获得的固定答案。

例如，与“现代人压力的释放”这一主题相呼应，星巴克提出了“第三空间”的概念；与“旅行与人生”这一主题相呼应，爱彼迎提出了“让世界上的每个地方都成为你的家”的概念；与“揭开服装产业不为人知的一面”这一主题相呼应，艾芙兰提出了“极致透明”的概念；与“数字时代的音乐体验”这一主题相呼应，苹果提出了“把1 000首歌曲装进口袋”的概念。以上案例都揭示了主题和独特答案之间的关系。

那名从事度假酒店开发工作的学员，在充分认识到“健康与休整”是一个主题之后，重新书写了一个概念：“在大自然中享受流汗的感觉”。对于如今高度依赖网络的人们来说，最奢侈的事情不是全身放空，而是在大自然中让身体得到适当的锻炼。可以说，这个修改后的概念更加凸显了度假的意义。

从下一章开始，我们将深入研究如何创造概念。

☑ **概念通常是贯穿整体的新观点**

- 概念专辑指用一个故事从头至尾贯穿专辑整体的音乐专辑。
- 在商业领域，产品存在的意义贯穿整体，并处于中心位置。

☑ **创造概念就是创造新的意义**

- 只有明确存在的意义，才能确定做什么、如何做等诸多要素。
- 人们在购买之前，更想知道为什么要买。
- 例：爱彼迎“让世界上的每个地方都成为你的家”。

☑ **概念作为价值设计图发挥作用**

- 提供明确的判断基准；赋予产品整体连贯性；成为顾客消费的理由。
- 例：星巴克的“第三空间”。
- 例：艾芙兰的“极致透明”。

☑ **创造有效概念的 4 个条件**

- 能否从顾客视角进行描述？
- 是否有独到的想法？
- 能否预测市场规模？
- 语言是否简洁？

☑ **容易与概念混淆的用语**

- 广告口号。

  广告口号是为了富有感染力地宣传实体，而概念是为了创造实体。

- 点子。

  点子多停留在想法或灵感层面，而概念能够将其延伸，用文字阐明产品对顾客的价值。

- 主题。

  主题指题目，概念则指固有的答案。

コンセプトの教科書
あたらしい価値のつくりかた

第2章

用好问题引导出好概念

好问题就如同足球比赛中
球员绝妙的传球，
让回答者有足够的空间和决定
机会作答。

コンセプトの教科書

很多人会将创造概念误解为制定答案的技巧，但其实一个概念能否获得成功，很大程度上是由问题决定的。为了引导出好的概念，我们要先提出条理清晰的问题。

在创造某种新事物的时候，很少有人会想到从问题入手，大多数人的心态就像是在学校参加考试一样，等着别人给自己出题。而这或许也是导致日本一直在技术上领先，却在创新上落后的主要原因。

2000—2005 年播出的 NHK 纪录片《Project X 挑战者们》介绍了上百个日本企业的传奇故事。面对无法完成的任务，那些挑战者刻苦钻研、顽强拼搏，最终运用技术交出了完美的答卷，留下了无数感人的经典场面。该纪录片高度赞扬了“昭和上班族”面对困难，勇于挑战的精神。

而当我们观察 21 世纪的创新案例，就会发现在那些创业成功的案例中，创业者往往会放弃无法完成的任务，指出问题本身是有问题的，从而提出更有意义的问题进行研究。例如，用民宿代替酒店，用顺风车代替出租车，都是由个人创造出来的市场，他们敢于对业界人士一直遵循的行业基础质疑，设定新的问题。

对于固有的问题，我们需要用更有价值的问题取而代之，即便这种做法在参加学校考试时不会被认可，但在商业领域值得赞赏。如果你技术超群、品性坚韧，又擅长在工作中进行思维转换，那就更有可能提出好的问题。

在本章中，你需要先理解问题的重要性，再学会如何提出可以引导更多创意的问题。

问题是创造的起源

创造性五阶段理论

人类创造性的发展过程，可以用“问题”和“答案”的不同组合进行解释，如图 2-1 所示。

前提：按照要求认真完成工作

在直接完成他人交办的工作时，我们不需要发挥创造性。这就如同按照手册提出的步骤照顾马匹，只要体力够用，谁都可以胜任。这也是一种最有可能被机器取代的工作方式。

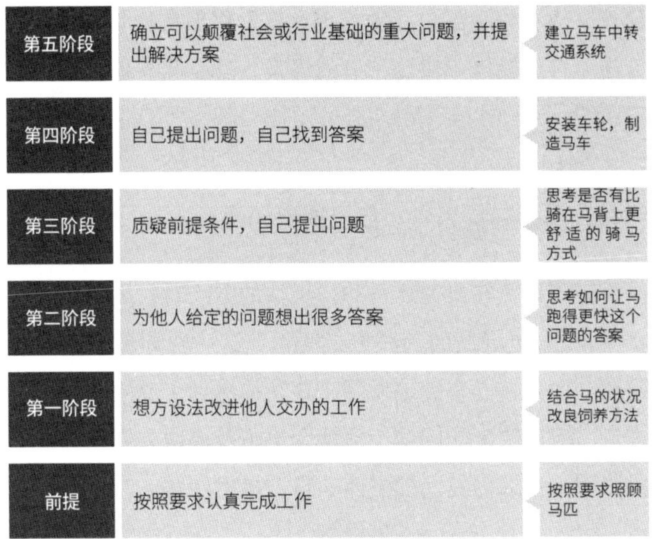

图 2-1 创造性五阶段理论

第一阶段：想方设法改进他人交办的工作

在熟悉了照顾马匹的工作之后，我们会自然地想要做出一些改进。即使手册里没有写，我们也会结合不同马匹的身体状况，适当调整饲料喂养量与喂养时间，并尝试用各种方法与马进行互动。在这个阶段，人们会通过思考寻找更好的方法，这种在既定原则下发挥的小小创意正是人类创造性发展的第一步。

第二阶段：为他人给定的问题想出很多答案

在长时间照顾马匹后，你对马有了更深入的了解，这时你可能会被农场主问到一些在手册里找不到答案的问题，如“如何让马跑得更快”。针对这个问题，你可以从加强营养为马增肌的角度提出喂养建议，也可以从与马互动的观点出发提出在骑马时与马同步呼吸的方法。你若能提出自己独有的答案，就意味着你来到了创造性的第二阶段。

第三阶段：质疑前提条件，自己提出问题

一天，当你正在研究让马跑得更快的方法时，突然想到了一个问题："有没有更舒适的骑马方式呢？"这一次你不是接受别人提出的问题，而是自己本能地发问，这让你感到十分激动。一旦确信这是你自己应该解决的问题，你就会迫不及待地去寻找答案。在第三阶段以后，你成为发问的主体，自己提出问题。

第四阶段：自己提出问题，自己找到答案

当你正在摸索如何借助马力实现快速移动时，某一天你看到了邻村的村民正在用手推车运送粮食。这时，你突然灵光乍现，想到如果用马拉车的话，运送的速度一定会更快，于是，"马车"就此诞生。前所未有的问题引出了前所未有的答案，这个阶段体现的也正是概念诞生的过程。

第五阶段：确立可以颠覆社会或行业基础的重大问题，并提出解决方案

在第五阶段，你将不再满足于制造马车，而修建起了马车中转站，构想在全国范围内建造四通八达的交通网。在创造性的第五阶段，人不仅仅会创造划时代的产品和服务，甚至还会改变整个社会

结构，动员成千上万的人为之奋斗，重新构建与大多数人生活息息相关的社会系统。这体现了实干家所具备的创造性中最能转化成生产力的一部分。

量产创意等于具备创造性吗

在日本，人们的创造性更多地处在第二阶段，大家会称赞一个人具有创造性，是因为这个人对于一个问题能想出尽可能多的优秀创意。而市面上流通的大多数创意类书籍只是从技术角度探索多个答案，却从未怀疑过问题本身。

本书提出的创造概念与创造性思维针对的是第三阶段以后的内容，即先质疑常识性问题，再设计概念。

下文就让我们一起来探讨有效问题所应具备的特征。

什么是值得应对的好问题

好问题＝自由度 × 影响力

好问题就如同足球比赛中球员绝妙的传球。优秀的球员会首先吸引对方球员的注意，同时指挥队友跑到对方防守薄弱的区域，再将球传出。这样一来，队友在接到球的同时也拥有了动作发挥的自由空间，以及直奔球门的进攻机会。

好问题应该能产生同样的效果，让回答者有足够的空间和决定机会作答。我们可以用以下公式描述一个好问题的特征：

好问题 = 自由度 × 影响力

其中，自由度意味着一个人的思维可以发散的空间。如果一个人在听到问题后创意一个接一个地涌现，那么这个问题的自由度就较高。反之，不好的问题总是使答案的可选范围极为有限，即使团队绞尽脑汁，也得不到什么成果。如果无法激发团队成员的想象力，如果成员在最应该激烈讨论的时候保持沉默，那么你就要反思一下自己提出的问题是否具有自由度了。

另外，影响力可划分为广泛影响与深远影响两种类型。

一个问题的广泛影响指的是问题的答案能给很多人的生活带来启发。微软在创立之初，曾提出“让每张桌子上、每个家庭里都有一台个人电脑”的企业概念，该公司将电脑普及作为首要目标，相继推出了适用于初学者的 BASIC 编程语言，以及易于操作的 Office、Windows 系列产品。这显然就是一个追求广泛影响的例子。

另一个故事则发生在久远的 1808 年。面对“有没有办法让双目失明的恋人更容易写信”这一难题，意大利发明家佩莱格里诺·图里（Pellegrino Turri）给出了自己的回答。图里的目的并非让自己的发明产生广泛影响，但他的答案确实改变了恋人的一生，可以说这个问题虽不具备广泛性，却带来了深远的影响。图里的发明也成为打字机的原型之一，为视障人士写作提供了很大帮助。

问题四分类

通过对自由度与影响力的自由组合，我将问题归纳为四类（见图 2-2）。

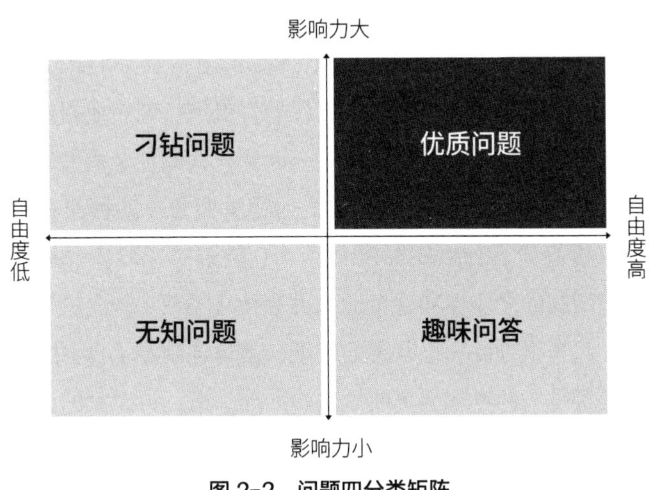

图 2-2 问题四分类矩阵

无知问题：没有思考的价值

这类问题自由度低、答案影响力小。应对这种问题只是在浪费时间，因此，你必须立刻换一个新问题进行思考。在职场中，人们面对无知问题束手无策、焦虑不安的情况并不少见。

另外，原本有价值的问题也有可能随着时间的推移和环境的变化而失去意义，沦为无知问题，因此在回答此类问题的时候，你需要先思考一下这个问题能否带来预期的影响力，能否激发创意。通过以上两个视角，你可以定期检验一个问题的价值。

趣味问答：有趣但没意义

这类问题具有较高的自由度，可以激发人的各种创意，但影响力有限。和它的名称含义一样，人们在思考时会觉得很有趣，但这类问题也有弊端。

联合国曾提出可持续发展目标（Sustainable Development Goals，SDGs）这一概念。在SDGs的重大议题背景下，某企业提出了“哪首歌曲能呼吁年轻人关注环保”这一问题。人们在轻松的氛围下产生了很多灵感，提出了哪位音乐人的哪首曲子，各种回答纷至沓来，但这些答案有什么实际意义吗？它们解决了环境的根本问题吗？环境问题的严重性和这个活动没有什么关系。企业或个人只是基于思考起来很方便、很有趣的标准，就单纯制定了自由度高的问题，这其实是一种本末倒置的做法。如此一来，再重大的议题讨论也只能沦为一场商业趣味问答大会。

刁钻问题：日本用“意志力”战胜困难的成功经验

传统的日本企业延续着历史的成功经验，人们要回答的问题主要集中在刁钻问题里。面对只有突破才能成功的、几乎没有自由度的问题，相关企业基本上全军覆没，只有极少数拥有超高技术的幸运儿历经千辛万苦，才勉强存活下来。但日本正是从这种堪称奇迹的成功个例里体会到了民族自豪感，由此代代相传，无论是前文提到的NHK纪录片，还是由人气小说改编的热门电视剧《下町火箭》，基本剧情都是主人公凭借强大的技术和组织能力应对一个又一个不切实际的挑战。

面对困难不退缩、不妥协确实是非常了不起的品质，也正是前人的不屈不挠、顽强拼搏，我们才在技术上有所革新。但现如今情况发生了变化，各类工业技术日趋成熟，日本曾经擅长的制造业技术水平也正在被新兴国家赶超，放眼全球，那些人们曾经认为有意义的难题已变成了只关注细枝末节的刁钻问题。因此，我们在今后有必要开发其他成功模板，以应对其他问题。

其中有一个方法就是扩大问题的范围。我们不仅要制造高品质汽车，还要探讨如何在此基础上拓展交通移动服务网；我们不仅要制造质量过硬的电脑，还要探讨如何完善音乐、视频等“生态系统”。面对困难是一种挑战，而自由地去面对一切也是一种值得尊重的行为。

优质问题：提出对这个时代有意义的问题

优质问题能够让你思考出一个又一个答案，且每一个答案都能产生有意义的效果。具有创造性的问题会激发回答者的灵感，而为了创造好的概念，我们可以从优质问题入手找到捷径。如果你现在面临的都是一味依靠意志力才能解决的刁钻问题，或是有趣但毫无意义的趣味问答，那么你就要思考一下如何转变这些问题了。

龟速电梯问题

为了更好地理解转变问题的意思，你可以尝试思考以下事例。

假设你拥有一幢旧写字楼，之前一直租给一家印刷公司，但后来印刷公司因为移址退租了。你花了大半年的时间寻找新租客，终于，某家 IT 公司的一个部门决定租用你的写字楼，而你刚松一口气，新的问题就来了：新租客经常抱怨“电梯太慢了”。你调整了很多次电梯速度，但电梯就是快不起来。房子闲置了大半年，你大幅下调了租金，因此也没有钱换新电梯。这时，你会如何转变问题进行思考呢？

你需要找的是问题，而非答案。由于租客抱怨电梯太慢，所以接下来你一定会想着如何提高电梯速度，但你并没有能力安装新电梯。虽然“安装一部新电梯怎么样”这个问题会产生好的影响力，但它的自由度几乎为零，因为除了借钱安装，你没有其他选择。你所面对的是一个刁钻问题，因此，你最好找一个自由度较高的问题取而代之。

例如，你想到了“把抱怨的人赶走如何”。但冷静下来后，你发现这个问题太愚蠢了。把租客赶出去后，损失最多的还是房东，另外，谁都不可能把稳定入住的租客撵走。这个问题是典型的无知问题，既不好解决，也得不出好的结果。

如果觉得电梯慢，也会有人想到“让租客走楼梯如何”这样的替代方案。走楼梯不仅对身体健康有益，还节约用电，但抱怨电梯太慢的人并不想一直走楼梯。只走一天或一周，他们或许能接受，但如果让他们一直走楼梯，是不可能的。这个问题虽然自由度很高，但不能让我们得出最终的解决方案，因此只能归为趣味问答。

如果我们无法从物理角度改变电梯的速度，那么或许可以从心理学角度思考办法。例如，我们可以提出这样一个问题："如何才能让租客觉得等待时间变短了？"这个问题的解决方案或许既不需要大笔投资，也不用让租客走楼梯，更不用赶走租客。当我们想出多个有效方案并落实的时候，租客会真的认为电梯的速度提高了。从兼顾自由度与影响力这一点来讲，可以说这个问题就是有价值的优质问题。具体如图 2-3 所示。

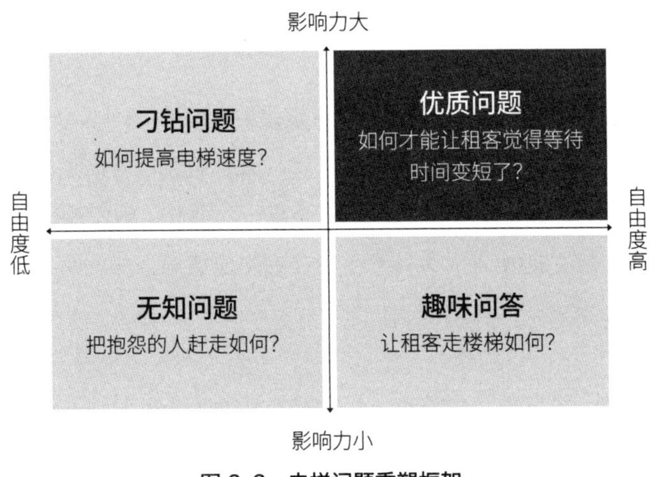

图 2-3 电梯问题重塑框架

重塑框架：改变问题，思维随之改变

为了让租客从心理上觉得等待时间变短了，房东可以把电梯门换成镜面的，或在墙上安装一面镜子。租客一旦看到镜子，就会不自觉地凑上去，对着镜子确认自己的仪表是否整齐，这样一来，他们也就意识不到电梯等待的时间长短了。除此之外，房东还可以安装显示器播放 IT 新闻，每天准备一段 1 分钟的礼仪教程进行轮播，或者张贴一个能粘贴公司通知的公告板。

像这样通过转变问题改变观点、扩大视野，在原本未涉及的领域探寻答案的过程，就是"重塑框架"。全球知名的创新性研究领域专家、斯坦福大学资深教授蒂娜·齐莉格（Tina Seelig）曾提出"所有问题都有框架，答案就在框架之中"的论断。在此基础上，她还指出，重塑框架的作用就是通过改变问题框架，大幅度地改变答案会出现的范围。

被誉为"近代免疫学之父"的爱德华·詹纳（Edward Jenner），就是放弃了"人为什么会得天花"这一未解难题，转而提出了新问题："为什么牛奶厂的女工不会得天花？"由此，他发现了对人体伤害极小的，能使人对天花产生免疫的牛痘病毒，并发明了牛痘疫苗，从而使天花彻底消失。

面对一桩案件，夏洛克·福尔摩斯从助手华生的观点中得到启发，针对"狗什么也没做，是不是和案件无关"的意见，他提出了问题："狗明明应该做点儿什么，但它却什么也没有做，这不值得重视吗？"从而侦破了案件。

通过以上几个事例，你大概可以理解"问题可以改变视角、改变思维"这句话的含义。那么，在日常工作中，我们应该如何重塑框架呢？

重塑框架的 8 类问题

下文将逐一介绍重塑框架的 8 个基本技巧所对应的 8 类问题，重塑框架模板如图 2-4 所示。你可以在该框架的正中间写下自己需要解决的核心问题，这个中心周围有 8 个格子，每一个格子都能帮助我们重塑问题，从而创建新的问题。

图 2-4　重塑框架的 8 类问题

整体问题：能否通过整体而不是局部来解决

当我们在思考概念的时候，会倾向于将产品、服务和内容视为各自独立的单元。例如，说到汽车就只思考汽车，说到洗衣机就只思考洗衣机。而解决整体问题指的是将目光由局部最优转移到整体最优，面对更宽泛的对象解决问题。拥有整体思维的人，会从俯视的角度看待问题，以洗衣机为例，他们不会只对洗衣机这一个单独的个体进行思考，而是会从用洗衣篮收纳脏衣服开始，到洗涤、烘干、回收，将衣服叠整齐为止，在上述一系列行为中尝试解决问题。通过以下几个具体例子，你会认识到整体问题能发挥的作用。

“问题”战胜了勒芒

勒芒 24 小时耐力赛始于 1923 年，在每年 6 月举行，其赛制很简单：谁的赛车能在 24 小时内跑出最多的圈数，谁就是冠军。这种比赛方式非常残酷，因为在变幻莫测的天气条件下，赛车要往返加油数十次，还要在 24 小时内一直高速跑完 5 000 多千米，这对于赛车的驾驶性能和安全性能都提出了极高的要求，也反过来推动了汽车行业的技术革新。

2006 年，奥迪 R10 TDI 赛车在比赛中夺冠，成为史上首辆以柴油引擎获胜的赛车。此前，奥迪车队使用的是性能卓越的汽油引擎赛车（V8 直喷），这次却启用了引擎方式完全不同的赛车，而这一创造性决策源于开发团队首席工程师提出的一个问题：“如果我们的赛车速度没有其他赛车快，那我们怎样才能获胜呢？”

虽然在速度上稍逊一筹，奥迪车队也要尽力赢得比赛，为此，工程师决定减少车子加油的次数。由此可见，工程师启用柴油引擎其实非常合理，因为这种引擎能迅速提高燃油效率。得益于此，奥迪 R10 TDI 连续 3 年称霸勒芒。

- **局部问题：**如何制造使赛车跑得更快的引擎？

↓

- **整体问题：**如何赢得整场比赛？

在技术较为成熟的行业，实现个体差异很难，这时就需要我们针对整体提出问题进行改进，各行各业皆可如此。

社区共建概念

日本的佛生山町距离香川县高松市市中心有大约 15 分钟的车程，这里至今还保存着始建于江户初期的寺庙，使此地散发出古朴的气息。这里原本是一片住宅区而非旅游地点，但随着温泉资源的开发，佛生山町逐渐引起了旅游爱好者的关注。

佛生山町作为旅游胜地，其最大特点是体现了“全城旅馆”的概念，整个佛生山可以被看作一个大型旅馆。佛生山以温泉为中心，在周围开设了餐馆、书店、杂货店，以及由私人住宅改造而成的客房，通过将分散的景点串联在一起，为游客提供了旅馆式的服务。如此一来，游客也乐在其中，融入了当地的生活。另外，佛生山不需要从零开始巨额投资建造旅馆，这也是全城旅馆的优势之一。这个项目正体现了由局部向整体改变的重塑框架。

- **局部问题：**符合城镇特点的旅馆是什么样子的？

↓

- **整体问题：**把整个城镇变成一个旅馆怎么样？

显然，佛生山町从问题中得到了一个出色的概念。日本如今正在推行城镇振兴，但大部分地区都陷入了“盒子思维”，只在城镇设施建设上绞尽脑汁。而通过佛生山町的例子，我们知道了人只要拥有连点成线、从整体描绘蓝图的创造力，即便用很小的投资，也能创造出超越大型设施的价值（见图 2-5）。

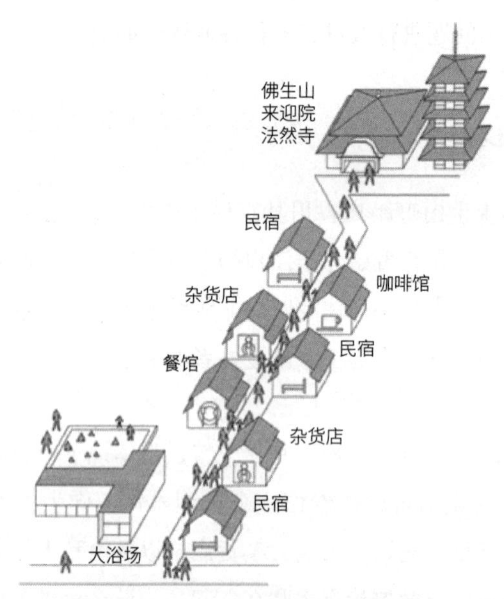

图 2-5　佛生山温泉全城旅馆导览图

图片来源：https://machiyado.jp/find-machiyado/busshozan.html

主观问题：你的偏爱和执念是什么

我的一位好友曾经和我探讨过开一家“白色T恤衫专卖店”的事情，当时的我是头一次听说有人会为售卖白色T恤衫而专门开一家店。如果这个创意是由数据分析或逻辑推理得来的，那么你肯定会和我一样，觉得它是无法实现的。白色T恤衫专卖店确实没有竞争对手，或许销量也会不错，但市场上的空白并不代表一件产品一定会成功。然而好友的提议非常具有说服力，因为他自己本身对白色T恤衫十分痴迷，几乎达到了一年365天，天天不离身的程度。他就像葡萄酒品鉴师一样，对白色T恤衫如数家珍，总是能用丰富多彩的表达分析不同白色T恤衫在剪裁、质地、做工，甚至清透感等方面的差异。

他最初提出的问题是“如何才能让白色T恤衫成为每个人的正装”，在他看来，若白色T恤衫被人视作正装，那么人们的生活方式也将变得更加顺畅与自由。举例来说，有时我们希望在参加完聚会或重要的商业活动之后立即前往健身房，这时如果在外套里面穿上白色T恤衫，那么换衣服的过程就会变得简单许多，只需要换一件运动外套，我们就能轻松过渡到休闲风格。白色T恤衫是最百搭的衣服，因此，我的好友希望将白色T恤衫打造成适用于所有着装规范的服装。他的偏爱赋予了白色T恤衫新的意义，而这个想法是无法通过合理思考和战略规划推导出来的。

由此，坐落于东京千驮谷的世界首家白色T恤衫专卖店#FFFFFFT（白T）在开业后迅速引起了媒体的广泛关注，周末限定营业的模式也无法阻挡人们的热情，来店的顾客络绎不绝。值得一提的是，这家专卖店的概念“Show Your Color”（展现你的色彩）就是由他当初提出的问题引申而来的，即倡导用简单的白色T恤衫展现自己的个性。白色并不是没有个性的颜色，而是一种能够展现个性的色彩，该文案一出，立刻引起了时尚达人的共鸣。如今，这家白色T恤衫专卖店多次被海外的旅游指南、时尚杂志等媒体报道，吸引了全世界的目光。

客观是大宗商品，主观是稀缺资源

问题的设定对白色T恤衫专卖店的命运起了决定性的作用。请你比较以下两个问题。

- **客观问题：**如何让白色T恤衫流行起来？

↓

- **主观问题：**如何才能让白色T恤衫成为每个人的正装？

“如何让××流行”是服装行业从业者经常会问到的问题，相较之下，第二个问题在思维方式上体现出了明显差异，反映了提问者强烈的主观色彩。但也正是这种偏离常规的问题为服装行业带来了新的机遇，而我也有幸目睹了整个过程。

“The most personal is the most creative.”（最个人的东西就是最有创造性的东西），因电影《寄生虫》荣获奥斯卡大奖的奉俊昊导演，在获奖致辞中引用了著名导演马丁·斯科塞斯（Martin Scorsese）的一句名言。个人的东西可以激发创造性，这不仅适用于电影，也适用于商业领域。

我们可以借助大数据和人工智能迅速找到客观的答案，却不能从大数据中推导出由人的主观产生的非常规答案。如果你在面对常识性问题时找不到合适的答案，那么或许可以从自己的主观问题出发，去寻找一个独特的答案。

理想问题：你预期的理想变化是什么

商业领域中的许多问题也是我们在现实中迫切需要解决的问题，会关注它们是合乎情理的，但我们若只关注眼前的问题，就难以拓宽自己的视野。因此，有时我们需要提出超越现实的理想问题。

黑暗中的对话

20 世纪 80 年代，已获得哲学博士学位的安德烈亚斯·海内克（Andreas Heinecke）在德国广播局工作。有一天，一位因遭遇车祸而双目失明的员工回归岗位，成为他的手下，因此，海内克一直在思考“怎样才能让视障人士顺利地完成工作”。但在实际与这位员工进行接触后，他意识到自己提出的问题过于滞后，他应该提出的是超越现实目标的、更加理想的问题。于是，他将问题转变为“如何创建让视障人士也能发挥优势的工作环境”。两个问题中，显然后者更具创造性。

- **现实问题：**怎样才能让视障人士顺利地完成工作？

↓

- **理想问题：**如何创建让视障人士也能发挥优势的工作环境？

“黑暗中的对话”（Dialogue in the Dark）由此诞生。这个让人们在漆黑的空间依靠视觉以外的感觉进行对话的娱乐项目，如果没有能够在黑暗中自由穿行的视障人士的辅助，是绝对无法实现的。如今，“黑暗中的对话”体验馆已遍布全球40多个国家，为900多万人提供了体验服务。

10X提问法

谷歌是一家能够将理想问题的力量发挥到极致的企业，它没有每天想着战胜竞争对手，而是从更宽阔的视角提出问题，大力推行“10X提问法”，探寻比现有解决方案效率高出10倍的优秀方案。“如何减少交通事故”这个问题只能在现有安全技术开发的基础上引申出一些有影响力的创意，但若从“如何消除人为过失导致的交通事故”这个问题出发，除非构想出一个完全不同的系统，否则你不可能得到答案。通过异想天开的高门槛问题，你可以得出不受先入为主观念束缚的创意。

- **现实问题：**如何减少交通事故？

  ↓

- **理想问题：**如何消除人为过失导致的交通事故？

理想能解决现有的对立问题

“提出理想问题”或许反映的是人的一种主观情绪，但当我们面对复杂的现实问题时，需要将目光放得长远些。

亚马逊在计划推出电子书时，曾预想到这一举动会遭到出版界的强烈反对，因为电子书一经推出，必然会冲击到支撑出版社经营的纸质书的销售业绩。但后来的发展出乎所有人的意料，美国出版界竟无比平静地接受了 Kindle 的问世，其中一个重要原因就在于 Kindle 这个产品的概念。

当时，亚马逊反复强调 Kindle 的概念在于“60 秒内将全世界的好书送到您的手中”（Every book ever printed,in print or out print,in every language,all available within 60 seconds），这一概念不仅响应了亚马逊整合所有书籍的目标，也展示了出版界未来的理想：将出版物送到世界的各个角落，甚至是没有书店的地方。面对如此宏伟的蓝图，出版商若还在纠结眼前的蝇头小利，实在有失风范。

由此可见，在解决涉及利害关系的对立问题时，提出理想问题不失为一种有效的手段。

动词问题：如果你重新设计产品功能，会怎么样

在创造概念的时候，人们往往习惯从名词入手进行思考。例如：下一代智能手机应该是什么样子的？互联互通时代的汽车应该具备哪些功能？今后的社交网络服务能实现什么效果？但是我们应该认识到，一旦从名词出发思考问题，人就很容易被固有观念所束缚，因为名词本身呈现的是一种固有观念。

例如，狗有很多品种，包括约克夏、哈士奇、吉娃娃等，很少

有人会在听到这些名称时联想到猫或狐狸。这是因为我们已经记住了猫和狗这两个名词，同时记住了区分它们的方法。为各个需要区分的区域贴上标签，我们就能顺利地处理信息，这得益于大脑出色的认知功能，但同时也使人的认知过于简单，导致我们刻板地看待事物。

提出了“水平思考法”的英国心理学家爱德华·德·波诺（Edward de Bono）将上述现象称为“词汇僵化”，他指出名词词汇的僵化与分类行为的僵化密切相关，而分类行为的僵化又导致了人们对事物看法的僵化。

那么，我们要如何摆脱名词的束缚呢？作为全球知名设计公司 IDEO 的共同创始人之一，比尔·莫格里奇（Bill Moggridge）认为我们应设计动词而非名词，将焦点对准行为，才能突破既定模式。IDEO 的设计团队曾通过观察人们的行为得到新的启发。例如，在观察人们吃早餐的场景时，设计师发现人们在吃面包之前，会先将烤面包摆放好，因此设计出了可以兼做面包架的烤箱盖。

在奈飞高分纪录片《抽象：设计的艺术》（*Abstract: The Art of Design*）中，玩具设计师卡斯·霍曼（Cas Holman）也提到了不使用名词而使用动词提问的重要性。当她要求美术专业的学生设计一款全新的杯子时，这些学生并没有想出新的创意；但当她把要求改为设计出能够盛水的新方法后，学生们便想到了“用泡沫材质吸水”等各种各样新颖的设计。

- **名词问题：**如何设计一款全新的杯子？

↓

- **动词问题：**如何设计出能够盛水的新方法？

霍曼还讲到了自己与小学生团建时的一段经历。当她问到“一辆全新的校车是什么样子的”时，孩子们大多会描述各种颜色不同的校车。而当她把问题改为“上学的新方法有哪些”时，孩子们的想法开始变得天马行空，有的说要坐火箭飞上天空，有的则将通往学校的路设计成游乐场。两种回答的巨大差异着实令人惊讶。

当用动词提问时，人自然会成为主角

从水杯到盛水，从校车到上学，当问题重点从名词变为动词时，提问重心也自然从物转移到了人。21 世纪以后，以人为本的设计理念变得愈发重要，而实现该理念的具体方法就是用动词提问。

如今，许多行业都在谋划着转变提问的方式，其中最具代表性的当数汽车行业。2010 年之后，全球多个汽车厂商纷纷将企业性质改为移动公司，这表明它们不再聚焦于汽车这一物品，而是致力于探索人们移动方式上的更多可能性。

2007 年，苹果电脑公司将企业名称中的“电脑”二字去掉，直接改为了苹果公司。而随着 iPhone、Apple Watch 和 AirPods 等非电脑产品的成功推出，也证明了苹果当初的决定十分正确。

在运动品牌领域，耐克已经从探索跑鞋的未来转向探索跑步这一运动的未来，由此推出了 Nike+ 数字化服务。通过带动人们记录并分享跑步数据，耐克重新定义了跑步的目的与意义。

日本体重秤生产商百利达公司（TANITA）以“享受美味之后自然地减重”为概念，从员工食堂起步，相继推出了健康食谱、对外开放的健康餐厅等业务，将企业的核心价值从名词“体重秤”改成动词“健康减重”。

将目标的核心从名词改成动词，探寻这一动词中未来的可能性，可以帮助你摆脱固有观念，激发想象力。

破坏性问题：应该被打破的常识是什么

当我们找不到努力的目标时，也可以考虑破坏点什么，而不是做点什么。有时我们需要抛掉老好人的包袱，以反抗者的心态俯瞰这个世界。

奈飞创始人里德·哈斯廷斯（Reed Hastings）表示，他在 DVD 租赁业务中引进会员制的机缘在于他自己曾为租借的电影《阿波罗 13 号》（*Apollo 13*）DVD 支付过 40 美元的滞纳金。他感叹道：“为什么 DVD 租赁业务不能像健身房一样采用会员制呢？”而这一想法竟成了会员制 DVD 租赁业务的概念前身。虽然有人质疑这个故事是哈斯廷斯杜撰的，但这个故事确实反映出了问题意识的本质。

- **创造性问题：**如何创新租赁 DVD 的服务？

↓

- **破坏性问题：**如何打破支付滞纳金这种业界惯例？

卡西欧 G-SHOCK 的开发者曾经摔坏过一块珍贵的手表，他为手表一摔就坏而感到无奈，从而想要研发一款新的手表，并直接将开发概念归纳为一句话：摔不坏的手表。

“应该做点什么”这样的问题过于绝对，也过于宽泛。而破坏性问题能够帮助我们设定一个需要打破的“假想敌”，找到明确的焦点，由此得出具有突破性的概念。

应该去破坏的社会问题

当然，设定假想敌不是在鼓励你去和其他公司或竞争对手争论，实际上，我们现在最需要破坏的是阻碍人类进步的社会问题。

第 1 章提到的艾芙兰就曾挑战了时尚界价格不透明、生产过剩、废弃处理、工厂压榨劳动力等一系列不为人知的问题。艾芙兰从“如何消除现有服装品牌假装看不见的问题”出发，从破坏性问题出发创建了“极致透明”的品牌概念。

另一个时尚品牌 GU 要挑战的难题则是打破高跟鞋带给女性的束缚感。在一些保留着传统商业习惯的行业，男性从业者仍然需要系领带，女性从业者仍然需要穿高跟鞋，但是，普通高跟鞋的鞋型过于拘束，女性若长时间穿着，双脚就会像扭伤一样疼痛，因此，

GU 想要颠覆高跟鞋挤脚这一痼疾。

- **创造性问题：**现在哪种高跟鞋热销？

↓

- **破坏性问题：**如何颠覆高跟鞋挤脚这一常识？

GU 野心勃勃地想要解决这个问题，通过追求鞋和脚完美契合的穿着体验，终于找到了高跟鞋的独家制作方法，即在鞋底加入低反弹和高反弹的组合内垫，以增加鞋子的舒适度。由此，GU 推出的棉花糖高跟鞋自上架以来在短短一年时间内售出 170 万双，成了该品牌的招牌商品。

与其思考如何创造，不如思考如何打破，因为打破也是一种创造。如果请你写出自己反对的事、气愤的事、无法忍受的事、想要打破的事，想必你会列出一长串清单，而当你用以愤怒碰撞概念时，或许会产生不一样的火花。

目的问题：如果以此为手段，你的目的是什么

以前，广袤的北美大陆一直依靠驿站和马车运输物资，由 6 匹马拉着的马车除了装载货物，还要承载 5 ～ 6 人的重量。之后，铁路运输系统出现并不断完善，驿站马车企业逐渐消失，一时间铁路公司如雨后春笋般涌现。而随着汽车的问世，公路不断被拓宽，私家车、公交车、卡车等运输方式不断撼动着铁路运输的霸主地位，飞机的出现更是给铁路运输行业带来了致命一击，使铁路公司从此

一蹶不振。时至今日，虽然美国的铁路公司仍旧在努力经营，但铁路运输这一模式仍然处于次要地位。

营销学大师西奥多·莱维特（Theodore Levitt）指出，美国铁路运输行业衰退的根本原因在于经营者采取了错误的手段和目的。他强调，铁路公司将自己的事业版图仅仅局限在了铁路上，如果它们能将商业概念扩大到运输，就可以将汽车、飞机等各个技术手段吸取进来，加以结合，从而必将在未来发展壮大。铁路公司不应该执着于铁路这一手段，而应该先认清自己的目的是什么。这个故事也让我们认识到，问题可以改变命运。

- **手段问题：**今后如何发展铁路事业？

↓

- **目的问题：**如果将铁路当成一种运输手段，公司的真实目的是什么？

铁路公司的案例不过是老生常谈，但我们不能忽视其背后的道理，因为我们或许也会犯下同样的错误。“只在乎铁路这个运输手段的未来，却怠于思考运输这个目的的发展潜力”，即便将这句话中的铁路和运输替换成你所在行业的两个专业术语，整句话也同样成立。实际上，如果你参加过管理会议，就很有可能遇到这样的场景：当管理层讨论着某个行业的未来何去何从时，会将维系本公司的已有经营模式当作目的进行讨论。其实，我们更应该将需要解决的问题理性地视作实现发展的一种手段，从而去探寻更宏观、更本质的目的是什么。

比起玩游戏，更想创造和家人在一起的时光

我们在思考概念的时候，可以用“如果将 ×× 视为手段，那么我们的真实目的是什么”的句式对自己所在行业进行提问。

“如果将有趣的游戏视为手段，那么我们的真实目的是什么？”对此，日本电子游戏软硬件开发公司任天堂通过家用游戏机 Wii 交出了一份完美的答卷：为了找回和家人在一起的时光。在各游戏机厂家纷纷在数据处理速度和平面设计美感上一争高下的时代，任天堂将开发游戏的目的上升到了社会价值，并将其转变为游戏的概念，这一做法堪称划时代的壮举。

在纽约起家、风靡全球的 D2C 床垫品牌 Casper 采用的做法与任天堂类似，在以床垫弹性等功能为卖点的时代，Casper 将床垫视为手段，将产品开发的真实目的改为“带来最好的睡眠”。Casper 将自身定义成“睡眠公司”（The Sleep Company），而非床垫公司，其广告宣传语为“热爱明天”（Love your tomorrow），提出每个人最好的明天从良好的睡眠开始。

当你把想要做的事情视为手段时，你需要先思考自己的目的是什么。如果你当下的思考和讨论过于短视，可以试着重新提出问题。

利他问题：如何让社会变得越来越好

我们在思考概念时，会自然地想到自己擅长的方面，同时顾及

销售额、利润以及客户等商业目标，这样一来，概念的出发点自然就变得“自私”了。如果你写下的概念对公司、对自身有利，那么它就不会在内部引起抵触，从而得到顺利批准，并逐渐成型。

然而，这里有一个问题。根据传媒集团哈瓦斯（Havas）团队的一项调查（*Meaningful Brand Report*, 2021），现在的消费者认为，全球范围内 75% 的品牌即便立即消失也不会有什么问题。这个数字着实令人震撼。

此时，你或许会好奇消费者希望留下哪些品牌。根据同一项调查，73% 的消费者期待企业会采取行动，让地球和社会变得更好，他们认为只有为社会带来积极影响的企业，才是值得保留下来的优秀企业。只对本公司有利的概念或许会随着时代的变化而变得没有意义，因此，品牌有必要将利己的问题转变为利他的问题。

高科技为谁服务

在我参加的一场研讨会上，有一位参会者想要构想下一代的医疗服务模式。她希望建立一个新型的远程医疗系统，先通过远程诊断获得患者的数据，再为患者定制药品并直接将药品送到患者手中。然而，这一构想一旦落实到概念，就成了一段说明性的文字“运用药品 3D 打印技术的远程医疗”，这句话并没有展现出新系统带来的全新意义。

我认识到她基于概念的提问方式存在问题，于是问她：“这项技术是想让谁过上怎样幸福的生活？”她告诉我，自己产生此设想的初衷是希望每个地区的人都能接触到尖端医疗技术，而正是这句话揭示了她的概念深处暗含的社会意义。之后，她以此为出发点重新思考，决定以“创造每个人身边的医生”为方向进行构想概念。请你比较以下两个问题。

- **利己问题：**如何用尖端医疗技术，创建独一无二的医疗服务？

↓

- **利他问题：**如何用尖端医疗技术，让谁过上怎样幸福的生活？

第一个问题体现不出这项技术为了谁开发，为了什么开发这样重大的意义，导致这位参会者最初提出的概念偏专业化，显得比较狭隘。而第二个问题将技术视为手段，从一开始就朝着更宏大的目标不断完善构想，由此产生的概念必然具备社会价值。

自由问题：未被提出的但有价值的问题

按照前文的分析进行思考，你应该已经获得了 7 个新问题，每一个问题都会给概念的形成带来新的思路，帮助你找到真正想要挑战的问题。而在最后，你需要考虑一下是否还有一些未被提出的，但有价值的问题。在图 2-4 的第 8 个方格里，我希望你能跳脱出本书的指引，仅凭直觉写下前 7 个问题之外的新问题。

综上来看，从局部问题到整体问题，从客观问题到主观问题，从现实问题到理想问题，这些问题之间的转换都是为了推动我们将视角从常规角度转移到那些我们在无意识的状态下捕捉不到的角度。

但是，重塑框架并不是单向的，在某些情况下，逆向重塑同样能够提供帮助。如果整体问题过于模糊，我们可以将其替换成局部问题；如果由主观问题得到的想法过于偏激，我们可以尝试提出客观问题；如果利他问题显得虚假，我们可以考虑换成利己问题。就像摄影师在拍照时会更换不同焦距的镜头一样，我们也可以尝试着双向切换视角进行思考。

第 2 章以一个重塑框架的小练习收尾，帮助你在拓展问题的同时，有意识地发散思维。

新型创意冰箱

你是某家制造商的员工，有一天被调入新业务开发部，而你也很期待未来能制造出一些新型设备。没想到，上级委派给你的任务是开发“冰箱”产品。按照领导的说法，冰箱是家庭生活中十分重要的一件电器，在过去 20 年里基本没有发生过什么重大变化，况且你所在的公司还没有生产过冰箱，因此，希望你摆脱传统的冰箱制造观念，思考如何开发新的市场。请你运用重塑框架，回答以下 8 个问题，并记录尽可能多的初始创意[①]（建议时长：30 分钟）。

解　说

重塑框架的正中间的核心问题是“全新的冰箱什么样”（见图 2-6）。每一项都可以作为起始项，为了方便起见，我们选择从左上角的问题开始构思。

---

① 初始创意指的是灵感，你不需要进行深入的思考，只需简短记录你的想法。

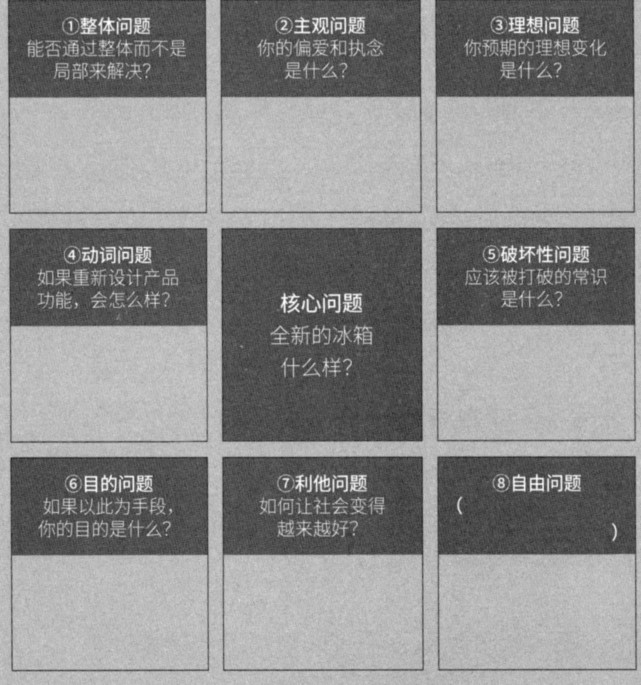

图 2-6　全新的冰箱什么样

①整体问题：如何将冰箱视为整体，而不是局部

对整体的解释不同，创意的角度也会有所改变。如果将冰箱视为整个空间的话，就有可能产生“将整个家变成一个冰箱”的创意。此时，你可以将冰箱定位成调节家居温度的综合系统，发挥食品冷藏和空调的作用。

另外，从消费者的整个消费行为出发，你也会得到有趣的想法。从食材采购、储存保鲜、烹饪加工，再到最终的厨余处理，你甚至可以重新设计消费者的消费流程。同时你也要记下一句话：从食材采购到厨余处理全部委托给冰箱。

②主观问题：对于冰箱，你有哪些偏爱和执念

抛开对与错这样的客观评价，你的好恶是最重要的。就我个人来说，我最希望将冰箱放在浴室，这样就可以一边泡澡一边畅饮冰咖啡和牛奶；也有的人希望能在书房喝红酒，在阳台喝啤酒。根据以上探讨，你可以考虑设计一个分散型冰箱，把它放在家里你喜欢的地方。

还有一个方法就是脱离冰箱，从其他方面的爱好出发进行思考。例如，喜欢观叶植物的人可能想在家里栽培寒带植物或热带植物，这时冰箱的新功能就成了植物专用冷藏和保温两用柜。

③理想问题：这个冰箱能够实现哪些理想的变化

对理想的关注角度的不同，得到的创意也会不同。如果你关注的是理想的设计，那就会想到让冰箱成为室内设计的一部分、外形不像是冰箱的冰箱等创意。如果你关注的是理想的便利性，就会提出可以制定菜单的冰箱、可以采购食材的冰箱等天马行空的想法。

④动词问题：如果重新设计冰箱功能，会怎么样

首先，你可以列出与冰箱相关的动词，如“冷却”“冷冻”“以适宜的温度保存”等。其中，冷却不一定仅局限于保存食材，你可以拓展一下思维，思考“冷却衣服怎么样”，冰凉的T恤衫可以缓解人们在烈日下出门的不适感。

通过以适宜的温度保存这个动词，我们可以把冰箱想象成储藏柜，它不仅可以保存食品，还可以调节温度保存艺术品、贵重的书籍、古董和模型等收藏品。画作和价值连城的收藏品需要在适宜的温度和湿度下才能保存完好，对环境的要求很高。

使用动词提问可以让我们不受冰箱这一名词的束缚，获得新的创意，思考出新的产品类别。

⑤破坏性问题：你有哪些想要打破的常识，以及对冰箱的不满

你对冰箱或许有不满的地方，首先，冰箱的体积总是那么大，占了家里的空间。而这个不满有可能激发“能灵活变换形状的冰箱”这种与传统观念相对立的创意。

还有很多人对多次来回从冰箱里取东西浪费时间而感到不满，在观察家人做饭的场景时，你会发现很多人无意识地在冰箱和灶台之间来回移动了数十次，这时候，如果在做饭的地方安一个小冰箱，人做起饭来也就方便多了。

⑥目的问题：如果以冰箱作为手段，你的目的是什么

重视家庭的父母购买冰箱的终极目的可能是保障家人的健康，那么从为家人带来健康的冰箱这个角度思考，我们可以构想这样的创意：与体重计、血压仪、智能设备相连接的全新电器。

在购买高价冰箱的人群中，有的人并非为了给家人做美食，还有可能是为了与朋友分享，因此，你可以为

他们开发一种用于招待客人的冰箱。寿司店里展示食物专用的餐饮店冰箱或许会为你的设计带来启发。

⑦利他问题：如何用冰箱让社会变得更好

能够将社会课题与冰箱相结合的问题就是利他问题，如在环境问题方面，能清除家庭厨余垃圾的冰箱似乎能引发消费者新的购买需求。如今也有一些餐厅通过使用堆肥机实现了零废弃，而把这个成功经验运用到家庭厨余处理上也并非难事。

女性走出社会与冰箱的发展也是密切相关的。冰箱曾经被视为家庭主妇的得力助手，然而随着女性不断进入职场，冰箱的作用也应该发生变化。例如，从减轻职业女性负担的冰箱这一角度构想出来的概念就极具意义。

⑧自由问题：冰箱能变成机器人吗

你会发现，以上问题全部与为人们的生活提供便利息息相关。而在自由问题中，你可以加入一些趣味性，如"冰箱能变成哆啦 A 梦吗"。如果冰箱拥有了像哆啦 A 梦一样的人格，那么我们的思考也会变得很有趣。

如果儿童是冰箱的主要用户，那么他们一定想要一个游戏伙伴冰箱，这种冰箱会与儿童互动，给儿童出谜语，如果儿童猜对了，冰箱就会开门给他们送上小点心。如果独居老人是冰箱的主要用户，那么他们也许需要一个能排解寂寞的冰箱，冰箱会像好友一样与他们交流、关心他们的健康状况，还会和他们一起制作菜谱。赋予冰箱人格后，它就有可能拥有各种各样的形态。我非常期待大家能够提出有趣的问题，并做出有趣的回答。

迄今为止提出的各种创意总结起来如图 2-7 所示。通过改变问题的角度，我们可以产生新的想法，且不再过分执着于某一个问题。希望你能从中找到窍门。

图 2-7　回答范例

下一章将对概念设计进行分析，帮助我们把通过问题得出的逸想转化为每个人都可以理解，并能与之共鸣的精准构思。

☑ **概念创造始于问题**

- 创造性并不是指从给定的问题中想出很多答案。
- 提出有意义的问题才能产生有意义的概念。

☑ **好问题取决于自由度和影响力**

- 自由度指一个人思维可发散的空间，自由度越高，选项越多。
- 影响力指答案给人的生活带来的影响。
- 好问题就像优秀的传球手，能够赋予接球手思考的自由空间，引出决定性答案。

☑ **改变问题的“框架重塑”**

- 用优质问题代替无知问题、刁钻问题及趣味问答。
- 改变问题会改变视角、改变思维、改变概念。
- 例：电梯问题。

☑ **重塑框架的 8 种方法**

- ①局部问题→整体问题
  能否通过整体而不是局部来解决？
- ②客观问题→主观问题
  你的偏爱和执念是什么？
- ③现实问题→理想问题
  你预期的理想变化是什么？
- ④名词问题→动词问题
  如果你重新设计产品功能，会怎么样？
- ⑤创造性问题→破坏性问题
  应该被打破的常识是什么？

- ⑥手段问题→目的问题

  如果以此为手段，你的目的是什么？

- ⑦利己问题→利他问题

  如何让社会变得越来越好？

- ⑧既定问题→自由问题

  未被提出的但有价值的问题是什么？

- 重塑框架并不是单向的，在某些情况下，逆向重塑同样有效。

コンセプトの教科書

あたらしい価値のつくりかた

第3章

从顾客视角设计“洞察型故事”

当一个概念诞生于全新的创意时，
其逻辑是否清晰，
能否体现出引发他人
共鸣的故事性，
就显得尤为重要。

在第 2 章中，我们学习了制定问题和重塑框架的方法，而一旦我们提出了好问题，就需要套用故事形式思考答案。也许有人会认为构思故事很难，也有人只是想迅速抛出一句亮眼的话而已。

需要注意的是，如果一个概念的语言不够简洁，不能形成一句话，那么这个概念就无法发挥作用，但这并不意味着只要有一句亮眼的话就万事大吉了。为了引起团队成员及其他相关人员的共鸣，我们还应该找出概念的逻辑，本书将这种逻辑称为故事。

请你对比以下三个例文。

- **例文 1　一句话的概念**

  让世界上的每个地方都成为你的家。(爱彼迎)

- **例文 2　包含信息的概念**

  目标：旅行爱好者。

服务概要：将旅行者与闲置房间匹配起来的服务。

优势 1：能够让人安心享受当地的生活方式。

优势 2：和同类酒店相比价格更便宜。

概念：让世界上的每个地方都成为你的家。（爱彼迎）

- **例文 3　具有故事性的概念**

在旅途中你会发现，每座城市都有自己的特色，没有一处相似的风景，既然如此，你为什么要在不同的城市选择相似的酒店呢？你是否希望和当地人相遇，融入他们，真正体验当地的生活与文化？现在，我们以合理的价格助你梦想成真，并为你的安全保驾护航。“让世界上的每个地方都成为你的家”，这是爱彼迎提出的倡议，献给每一个热爱旅行的你。

可以看到，例文 1 采用了一句话的形式，这样的概念并不能揭示爱彼迎的目的与战略。例文 2 虽然罗列了关键信息，也给出了相关提示，但概念本身更像是一个拼凑的“装饰品”。其中的原因在于例文 2 的各信息之间没有联系，给人留下了杂乱无章的印象。由此可见，在缺乏关联性的提案中，即便概念再出色，也无法打动人心。

例文 3 将例文 2 的信息变成了一个故事，使各信息之间的联系变得清晰起来，容易被人理解。例文 3 中的内容层层递进，不断增强说服力，最后又全面升华，十分深刻地传达出了“让世界上的每个地方都成为你的家”这一概念所蕴含的意义。当一个概念诞生于全新的创意时，其逻辑是否清晰，能否体现出引发他人共鸣的故事性，就显得尤为重要。

那么，如何构思故事呢？即便是情节再复杂的电影，其剧本也会有基本的结构，而概念也是如此。本书中提出了 2 种基本故事结构：洞察型故事与愿景型故事，让我们先从以顾客视角设计的洞察型故事开始进行分析。

用“4C 框架”构建洞察型故事

从 3C 原则到 4C 框架

3C 原则是我们在思考经营策略与市场计划时会用到的框架，其中的 3C 分别代表顾客（customer）、竞争对手（competitor）以及自己公司（company）3 个要素。该原则的用途广泛，可以帮助我们确认和分析应考虑的要素，以确保内容无遗漏、不重复。

面对新事物，我们需要用 3C 原则加以分析，其中包括解决顾客的问题，提供竞争对手所不具备的企业价值，以及充分发挥自己公司的优势。在设计概念时，我们必须牢记这 3 个要素。

但是，分别填充 3C 原则的各要素还不足以形成故事，因此，在创造概念时，我们需要借助连接词将各要素串联起来，并在最后构建出第四个 C，也就是概念（concept），如图 3-1 所示。这个 4C

框架有其自身的意义，我将在下一章中予以说明。

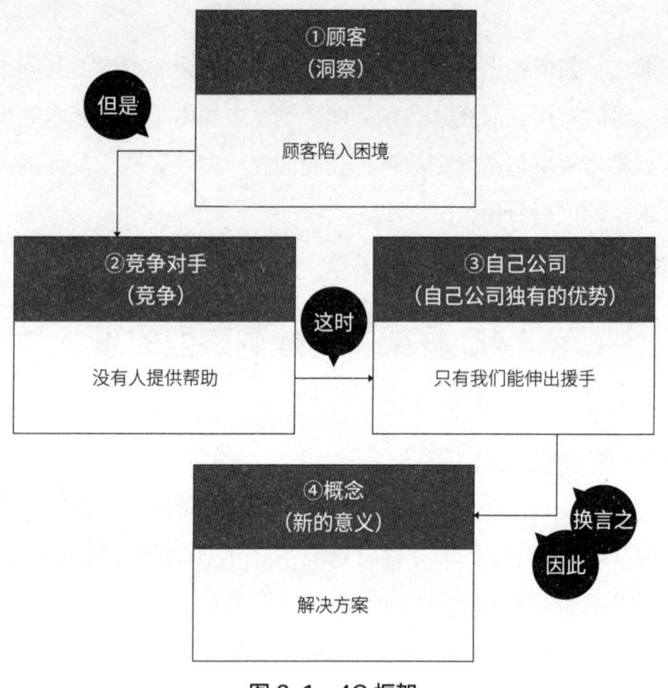

图 3-1　4C 框架

以顾客视角设计的故事，也就是一篇拯救顾客的故事。如果用传统讲故事的形式连接这 4 个 C，也许会变成下面这样的形式：

---

1. 很久很久以前，有一群人因为一件事陷入困境。
2. 但是，世界上没有一个人站出来帮助他们。
3. 这时，一个人运用自己的超能力向他们伸出了援手。

4. 换言之，通过一个解决方案，人们得救了。

4C 框架以顾客遇到困难开始，以提出概念、形成解决方案结束，一目了然。为了帮助你理解 4C 框架，我们来看星巴克的例子。

星巴克的 4C 框架

1. 在某个城市，有一群疲惫不堪的人。他们每天穿梭于家庭和职场之间，压力越来越大。

2. 但是，这个城市没有能让他们休息的地方。

3. 这时，星巴克创建了舒适的空间，该空间有着宽敞的环境、高档的沙发、舒缓的音乐及醇香的咖啡。一个人或两三好友，都可以在这里慢享时光。

4. 换言之，这是位于家庭与职场之间的“第三空间”，它为疲于奔命的人们提供了不可或缺的休息场所。

星巴克能够为顾客提供清晰的价值这一行为可以被分解成易于理解的故事形式，如图 3-2 所示。反过来说，**套用故事形式设计出的概念也能够明确地表达一个企业为顾客提供的价值。**

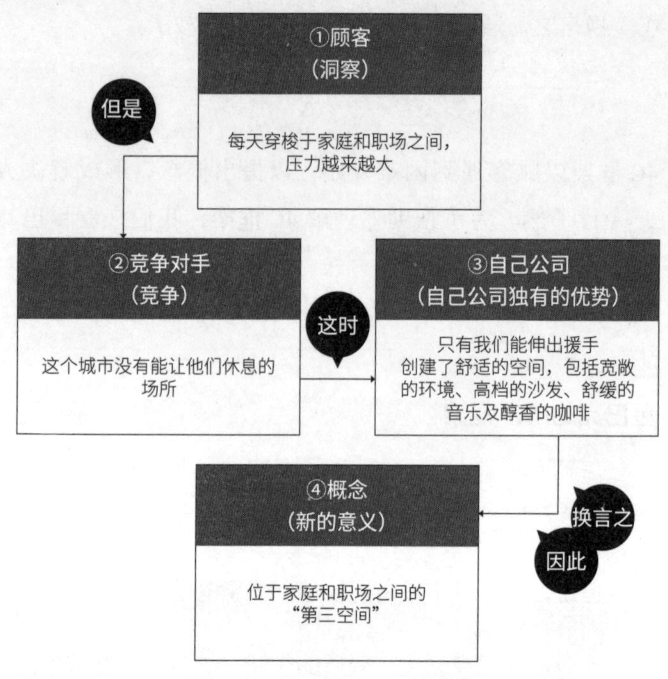

图 3-2 星巴克的 4C 框架

这就是洞察型故事的基本结构。下文将深度挖掘 3C 原则的各要素，第一个 C 指的就是“顾客”。

洞察顾客的真实想法

真正想说的话无须用言语表达

如果你的爱人突然问你“工作和我哪个更重要”，你会如何回答？大多数人一般会说“肯定是你啊”或者“你和工作都很重要”。

然而，我的一位朋友认为这些回答大错特错，并提出正确的答案应该是向对方表示“让你感到孤单，我很抱歉”，再紧紧地抱住对方。他的逻辑在于，提出这种问题的人其实并不关心你的答案是什么，而是在隐晦地表达“我很孤单，希望你更在乎我一些”。我不能保证他的回答可以应对所有状况，也不会极力推荐，但又不得不承认，我这位朋友的想法有可取之处。

真正想说的话无须用言语表达是一种共识，恋爱中的人们想必对此深有体会。经久不衰的情歌唱出了人们无法言表的痛苦与挣扎，以知名乐队 OFF COURSE 的经典曲目《无法言喻》为代表，那些表达了“无法诉说”“无法传达”“无言以对”等苦闷之情的歌曲层出不穷，时至今日依旧流行。

实际上，当我们与别人进行交流时，很难做到全盘托出。面对知心朋友另当别论，但在大多数情况下，我们会根据场合、气氛选择合适的表述进行沟通。人们是会用语言说谎的。然而在商业领域，人们一般以把所有的话都说出来为前提推进业务。

这是一个真实发生过的故事。一家快餐连锁店在进行了大规模市场调查后，收到了很多反馈，在针对汉堡和薯条的意见之外，还有很多人提到“想要吃到富含蔬菜的沙拉”。商家自然不会忽视广大消费者的心声，于是迅速推出了沙拉套餐并在全国发售，以满足人们对蔬菜的需求。

这家快餐连锁店期待着自己的沙拉套餐能大受欢迎，然而等来的消息却是销量惨淡。难道是商家产生了错觉，误以为大家想吃沙拉吗？当然不是，真正的原因在于人们并不会在调查或采访中表达自己的实际想法，在会议室等场所面对客观问题时，人们做出的回答总是很官方。况且，有很多时候消费者并不知道自己到底想要吃什么。商家没有进行深刻的思考，只是本着“健康生活已成为社会趋势，推出沙拉一定没错”的想法，推出了产品。

值得一提的是，这家快餐连锁店在后来终于意识到了消费者的表达与行为是存在差异的，于是紧接着推出了特色厚切肉片。虽然从特色上来说，特色厚切肉片与沙拉完全相反，但特色厚切肉片却成了这家企业历史上最畅销的商品。

语言能表达出来的只有 5%

哈佛商学院教授杰拉尔德·扎特曼（Gerald Zaltman）曾在其著作《顾客是如何思考的》（*How Customers Think*）中写道：“我们人类只能意识到自身 5% 的想法，而余下 95% 的无意识会对人的思考与行动产生深远影响。”5% 这一数字是否精确还需要进一步验证，但从目前来看，人类大部分行为确实是在无意识的状态下做出的。

如图 3-3 所示，如果将人的意识整体比作冰山，那么人能够用语言表达出来的欲望仅为冰山露出海面的一小部分，我们称之为“需求”。与此同时，位于海面下方，人没有意识到的以及即便意识到也无法表达出来的无意识部分则极为庞大，其中就存在着洞察。

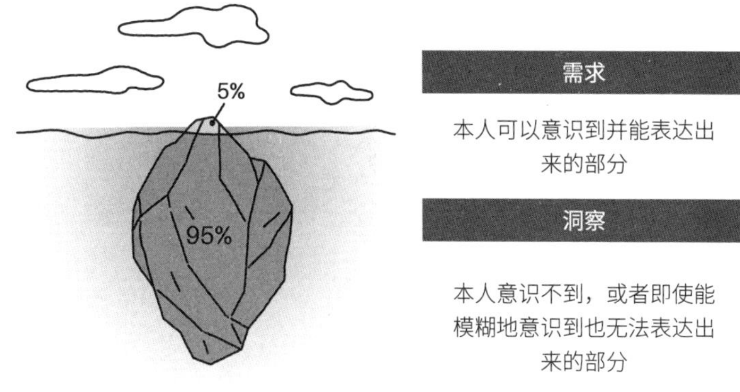

图 3-3　需求与洞察

洞察象限

对于商业领域下洞察顾客的真实想法的定义，我们可以表述为“人尚未得到满足的、隐藏着的欲望”。洞察里或许存在着一个人的不满与痛苦情绪，但有时这个人对此并没有感知。当我们听到别人对于洞察的精准分析时，一定会拍着大腿说“没错！就是这个”，而这种兴奋就源自我们与对方产生了共鸣，得到了新的发现。

图 3-4 中的纵轴表示人是否有发现，横轴表示人是否有共鸣，很多商业书籍提到的洞察其实更接近于右下象限所示的一般常识。

例如，当你说“夜里想睡个好觉”时，没有人会反对，但你也没有得到新的发现。因为这种一般常识在人们看来是理所当然的。

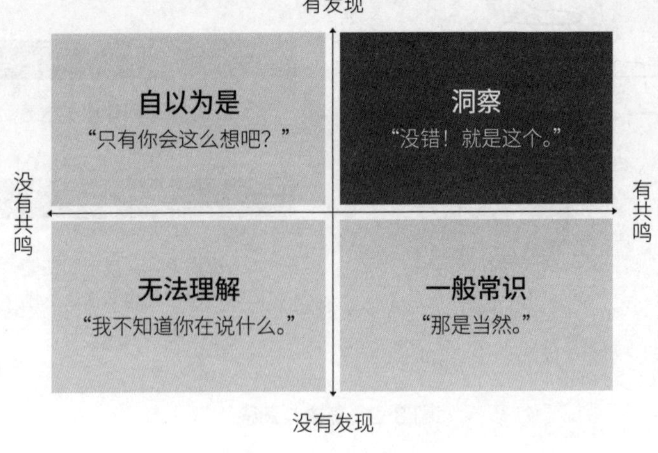

图 3-4 洞察象限

那么，要说新的发现就是洞察，也不完全对。例如，“我想获取自己的睡眠数据并自行分析”这个洞察假设虽然听起来新颖，却不能引发他人的共鸣。如果只有极少数人或者提出者本人才能理解该内容，那它就成了一种自以为是的表达。因此，人提出的洞察至少应该让他人理解。需要注意的是，**生活中出现的新趋势未必就一定是洞察。**

正如图 3-4 所示，我们需要捕捉的洞察是让人们有发现又有共鸣的语言，让他人一下子就能认同。**我们需要找到人们早有意识但又表达不出来的东西，并将其转化为语言。**

2021 年，日本制药公司爱利纳明（Alinamin）推出的改善疲劳夜间营养补充口服液一经上市便大受欢迎，成为年销量高达 1 250 万瓶的畅销商品，使人们养成了睡前喝营养口服液的新习惯。当时市面上的很多营养口服液都是为了让人们在工作时间保持清醒而研发的，但其实，比起下午和傍晚，人们更想改变的是清晨睁开双眼时的感受。正是因为抓住了这一让人们有所发现又能引发人们共鸣的洞察，爱利纳明的宣传语“清晨焕然一新”才赢得了众多消费者的青睐。

在学习将洞察表达出来的方法之前，我们需要先学习一下表达洞察的基本句法结构。

真实的想法存在于矛盾之中

日本生鲜电商爱宜食（Oisix）有一项外卖套餐名为“Kit Oisix”，这个套餐包含了一些必需食材，让消费者可以在20分钟内做出一道主菜和一道副菜。自2013年7月上市以来，Kit Oisix每周会上架约20种外卖套餐，截至2021年2月累计销量已突破7 500万份。2020年新冠疫情导致的居家情况增多也是Kit Oisix热卖的一个原因，但这种宏观趋势虽然可以解释家庭用餐需求量的增加，却不能解释爱宜食的业绩增长远超平均水平的原因。爱宜食业绩飙升的背后，到底存在着怎样的洞察？

按照正常人的思维，我们首先想到的应该是消费者不想在烹饪上花费太多时间，但很快你就会发现，这并不是正确答案，因为与其他相关商品相比，在20分钟内做完两道菜的模式并不简单，况且市面上还有许多短时间内就能送出的外卖套餐。

实际上，让人们花费一定时间和力气进行烹饪的方式是爱宜食故意设计的。爱宜食的负责人在采访中表示：“让消费者产生‘这是我亲手做的’实际体验感非常重要，因此，我们特别关注这一点”。另外，作为服务开发的关键点，他还提到了“消除消费者的不安和愧疚感”。

人们确实希望现在的做饭方式能够既省时又省力，这是因为在新冠疫情之后，人们在家中用餐的机会增多。然而，人们又不想偷工减料，开始更加注重食物的营养搭配，追求健康饮食，并希望家人也能够吃上自己用心烹饪的菜肴。

因此，爱宜食捕捉到的洞察为人们“既不想费时费力，但是又不想偷工减料”的心理。这句话是极其矛盾的，但也正因如此，人们很难察觉到它，也无法将它表达出来。

即便向人们提出“您想要什么样的外卖套餐”这一问题，若不加以引导，他们的回答就有可能带着某种倾向，要么倾向于节省时间的简餐，要么倾向于富含蔬菜的健康套餐。如果商家将顾客的这些回答误认为洞察，就有可能推出短时间内便可制作完成的速食套餐，或者不考虑烹饪难度的健康食品。但爱宜食没有犯这样的错误，因为它找到了人们既想省事又对此感到愧疚的矛盾心理。

表达洞察的句法结构

从以上事例中可以看出，洞察存在于人们的矛盾心理之中，因此，表达洞察的话语也应该体现出一种矛盾。洞察的基本句法结构如图 3-5 所示，其中，心理 A 与心理 B 呈现的是两种截然相反的心理状态。以爱宜食为例分析可知，心理 A 为不想费时费力，心理 B 为不想偷工减料，如果我们将相互矛盾的心理 A 和心理 B 结合在一起，就变成了“既不想费时费力，（但是）又不想偷工减料”。这种“A 但是 B”就是表达洞察的句法结构。你可以尝试用这个句法结构将其他案例的洞察表达出来。

心理 A	既不想费时费力
	但是
心理 B	又不想偷工减料

图 3-5　表达洞察的句法结构

宝洁旗下品牌风倍清的洞察

风倍清（febreze）衣物消臭芳香剂于 1998 年在日本上市，现已成为每个日本家庭的必备日用品之一。那么，风倍清捕捉洞察的过程是什么样的呢?

心理 A：既希望去除家中异味

首先，我们不能忽视人在家庭清洁方面的第一个心理：希望去除家中异味。如果客人和朋友来家里做客，向你指出家里有味道，是很糟糕的。然而，这个心理还不足以成为人们购买风倍清的理由，我们还需要找到一个与之矛盾的心理。

心理 B：又认为清洗所有衣物太麻烦了

日本人一旦发现家中有异味，就会去清洗所有能洗的物品，因此，在风倍清进入日本市场之前，有的人曾怀疑过爱干净的日本人是否真的需要这种产品。然而通过用户体验反馈，商家发现人们经常会在晾晒被褥之前使用风倍清，因为如果沾上一点儿异味就清洗被褥的话那太麻烦了。沙发套和窗帘也是如此，虽然有的日本人在发现沙发和窗帘有异味后就会选择清洗它们，但清洗的过程总是让他们深感厌烦。

由此，风倍清发现的洞察是"人们既希望去除家中异味，(但是）又不想清洗"的矛盾心理。针对这一新的洞察，风倍清创造出"变不可洗为可洗"的概念，成功在日本开拓了去味除菌喷雾剂这一全新市场。

THE FIRST TAKE 的洞察

THE FIRST TAKE 是从 2019 年 11 月起在 YouTube 频道运营的音乐节目，截至 2021 年 11 月，该节目订阅人数已在短短 2 年的时间里突破了 500 万，总播放量超过 15 亿次，成为日本最具影响力的音乐节目之一。该节目的概念是"一次拍摄，直面音乐"，音乐人站在只有一支麦克风的录音棚里，通过仅有一次的拍摄机会进行现场演唱，即便音乐人在途中跑调，录制也会继续，原则上不会进行重新录制或者后期编辑。YouTube 上存在着不计其数的演出视频，为什么只有这个形式简单的节目能引起如此巨大的反响呢？我们可以从洞察角度进行思考。

心理 A：既想轻松享受音乐

因为节目的平台是 YouTube，所以让观众轻松享受音乐是其存在的前提。通过 YouTube，人们可以关注喜欢的音乐人的频道，还可以通过推送的视频发现新的音乐人，因此，很多年轻人会直接将 YouTube 定义为音乐媒体。但是，在这种便利性的背后，订阅者始终觉得缺点儿什么。

心理 B：又想看到音乐人的诚意

THE FIRST TAKE 运营团队一直在思考如何让网络音乐视频能够像现场演出那样打动观众。一些在 YouTube 官方媒体上播放的视频往往都是经过了多次的录制和编辑，才呈现出了完美的效果，而且对于现场音乐的视频，人们也会先编辑出精华部分再上传。但其实，真实的现场演出从来都是有且仅有一次的表演，它展现了艺术家真诚对待演出的决心，因此令人感动。正因为只能录制一次的机制，才使人们相信 THE FIRST TAKE 的节目足够真实，节目追求的正是音乐的本真。这就是团队发现的人们的另一个心理。

因此，针对乐迷想轻松享受音乐，但又想看到音乐人的诚意这种复杂的洞察，THE FIRST TAKE 交出了一份完美的答卷。

在你熟练掌握他人的洞察之前，需要不停地使用“A 但是 B”的句法结构进行分析，因为好的洞察捕捉到的一般都是人们完全相反的矛盾心理。但这并不意味着你只能用这种句法表示洞察，当你熟练掌握了总结的方法之后，也可以尝试用其他句法结构来表达。

洞察和概念就像是一枚硬币的正反面，找到了准确的洞察，就能同时找到其背后的概念。洞察与概念之间的关系还构成了洞察型故事的核心，将顾客面临的矛盾和你能提供的解决方案串联起来，从而得到一个完整连贯的故事。

找到真正的竞争对手

3C 原则的第二个 C 即竞争对手。企业在制定经营战略与市场战略时，会从很多个不同的角度分析竞争对手，但在设计故事时，企业应重点关注竞争对手的弱点以及它们对顾客的疏忽。简言之，你需要找到被目标群体当作问题，但并没有人采取行动的市场空白，将其看成自己公司的发展机会。

你需要拓宽视野，思考谁才是真正的竞争对手。

图 3-6 能帮助企业找到竞争对手以及战胜对手的方法。图的左侧有三个圆圈，按照从小到大的顺序分别代表竞争对手的三个层次：类别、任务和时间。你可以将竞争对手的具体名称写入右侧的四个方框中，同时描述引起顾客不满的竞争对手的弱点。当你仔细填写完成后，就能从中快速地掌握竞争对手和它们疏忽的地方。该模板是一种能够将发展机会可视化的工具。

接下来，我们可以假设一个商业课题：将亚马逊的电子阅读器 Kindle 推销给喜爱在电车上读书的商务人士，并分析竞争对手，从而对图 3-6 介绍的模板有一个大致的理解。

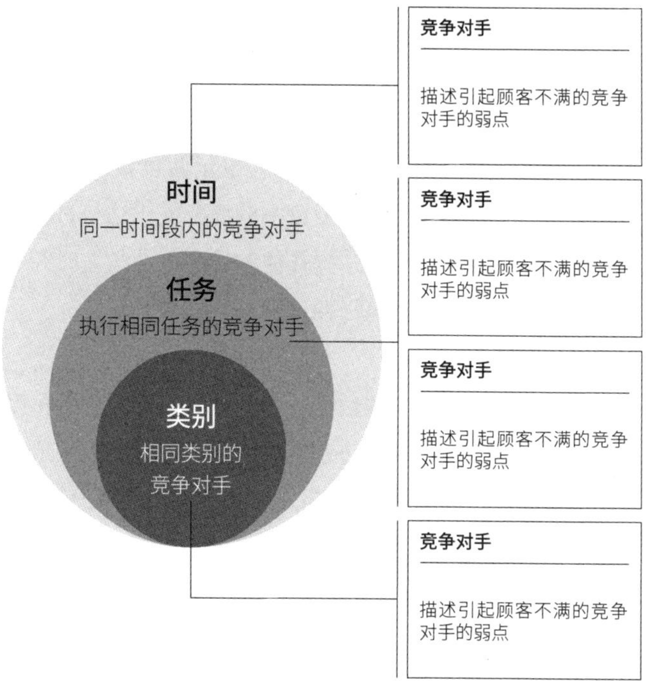

图 3-6 发现竞争对手的方法

类别：相同类别的竞争对手

如果顾客把一家公司和你的公司放在同一个市场内进行比较，那么这家公司就是你的竞争对手。竞争对手具体包括竞争企业和竞品，如碳酸饮料可口可乐与百事可乐，航空公司全日空与日本航空。尽管它们在品牌个性、企业理念和业务构成上各不相同，但因为顾客经常同时对它们讨论，所以可以被定义为相同类别的竞争对手。

那么 Kindle 的竞争对手就是其他公司的电子阅读器，我们可以在图 3-6 中写上具体的品牌或企业名称，并在该名称下面写上竞争对手疏忽的地方，即它引起顾客不满的弱点。

例如，与 Kindle 相比，其他公司的电子阅读器容纳的书目种类不够齐全，这很有可能引起热爱读书的商务人士这一目标群体的不满。除此之外，我们还可以从操作便利性、电池续航时间、电子书页易读性等方面对不同的电子阅读器进行比较。

若能通过调查获取到一些数据，我们还可以从更广的角度与更深的层次详细列举出包括其他公司在内的整个业界疏忽的地方，这是因为如果我们只关注市场内的竞争对手，只和它们做比较，那么就无法发散思维。接下来，我们需要从任务和时间的角度进一步寻找竞争对手。

任务：执行相同任务的竞争对手

任务表示的是一个企业售出产品和服务就能达成的目标。例如，一家汽车制造商的相同类别的竞争对手为其他汽车制造商，但如果顾客将车辆当作通勤工具，那么该制造商的竞争对手就又包含了公交车、出租车、摩托车和自行车等交通工具。顾客为了达成通勤的目的，会从需求出发，在众多选项中选择最合适的那一个。

仍以 Kindle 为例，简单来说，其任务大致有两项，其一是让人买书，其二是让人读书。针对第一项任务，Kindle 的竞争对手主要为实体书店。在实体书店中，人们会有不期而遇的收获，这类价值是数字化阅读无法实现的。然而，有时候，当顾客在书店寻找工作方面的专业书籍时，会花费一定的时间和精力，这会引起顾客的不满，即便是书店爱好者也不得不承认这一点。

针对第二项任务，Kindle 的竞争对手主要为纸质书。纸质书具有许多优点，如顾客可以直观把握书的整体内容，可以随心所欲地记录、折角。然而，携带大量的书籍走路很不方便，因此 Kindle 从纸张又厚又沉的缺点中找到了商机。用电子阅读器携带 100 本书，重量也不过数百克而已。

时间：同一时间段内的竞争对手

最后，我们要关注从时间角度出发锁定的竞争对手。Kindle 要和哪些产品或服务竞争，才能赢得利用电车通勤的商务人士的时间呢？

如今，用手机新闻客户端浏览新闻已成为商务人士的新习惯，而可以让人享受通勤时光的播客等音频播放器同样不容忽视。此外，在通勤时沉迷社交软件或热衷网上购物的人也不在少数。

对此，我们可以将竞争对手设定为包月视频流媒体服务，因为这类服务在内容上与 Kindle 有相似之处。那么，Kindle 要怎么做才能击败视频流媒体呢？我们可以从不同的角度进行思考，如关注热门视频作品的原著。视频网站中的热门作品大多改编自小说和漫画，有时在视频评论区也会出现“一定要阅读原著”等粉丝的呼吁。

对于视频网站用户来说，在看到“读完原著后再看视频，会觉得更有趣”的评论后，就会对原著产生一定的好奇，这时 Kindle 就派上了用场。

迄今为止，有关 Kindle 竞争对手的探讨如图 3-7 所示。我们将竞争对手设定出 3 个层次，并在右侧列举了它们的弱点和疏忽之处，而这些也反映出了自己公司的发展机会。通过和竞争对手比较，我们能获得自己在平时注意不到的分析视角。专注于取胜，就能发现价值，从本质上说，分析竞争对手就是在挖掘自己的新潜力。

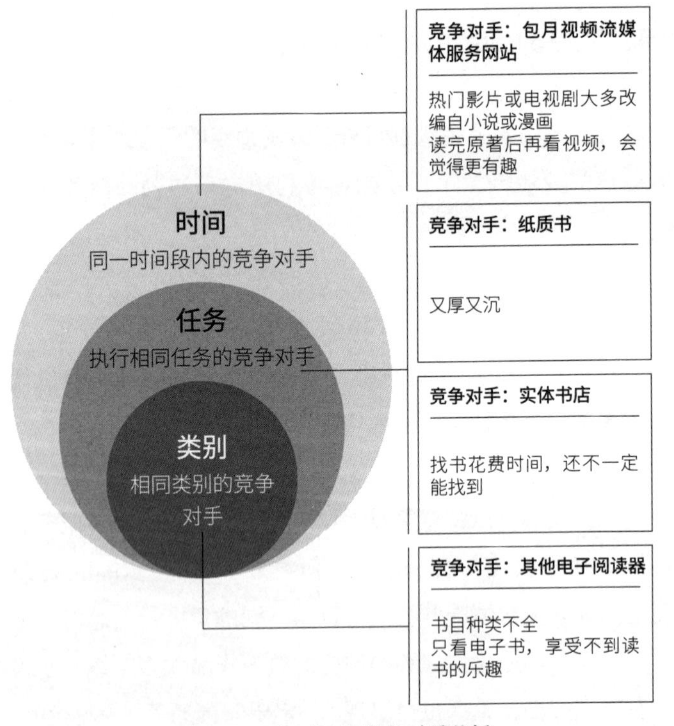

图 3-7　Kindle 的竞争对手分析

找到自己公司独一无二的优势

到目前为止，我们已经确定了顾客的困惑，也分析了竞争对手的疏忽之处与弱点。最后，我们需要展示自己公司的解决方案，这就是第三个 C，即自己公司的课题。通过分析优势，找到公司独一无二的经营手段。

分析优势的 3 个要素

在分析某个产品或服务的优势时，我们可以从事实、优势、好处 3 个要素出发进行考虑，具体如图 3-8 所示。

FACT **事实**	MERIT **优势**	BENEFIT **好处**
产品或服务本身具备的无法改变的客观事实	事实能带来的一般利益	能够强烈吸引目标群体的根本利益

图 3-8　分析优势的 3 个要素

前文在分析亚马逊 Kindle 的竞争对手时，提到了纸质书具有又厚又沉的缺点。那么针对 Kindle 在这方面的特点，我们能够提出哪些改进建议呢？让我们依然以商务人士为目标群体，边思考边对产品进行分类。

首先说事实，它指的是产品或服务本身具备的客观事实。例如，Kindle 基础款的重量为 158 克，这就是一种客观事实。

其次是事实带来的优势，它是指每个人都能理解的一般利益。例如，通过重量为 158 克的 Kindle 这一事实，我们可以推导出人们可以通过该产品携带很多本书外出这样的优势。

最后说好处，它是指能够强烈吸引目标群体的根本利益。可以通过该产品携带很多本书对于商务人士来说或许意义不大，但如果我们将其表述为人们可以通过该产品携带整个书房外出，就一定会打动商务人士。

产品或服务的好处或许对于目标群体来说具有强烈的吸引力，但其他人可能对此并不在意。例如，当你对爱看漫画的高中生说“通过 Kindle 你可以把沉重的工作参考书都放进口袋”时，他们可能会一头雾水。对优势和好处的区分在于你是否将目标群体作为思考的前提条件。

如图 3-9 所示，通过拥有 700 余万册图书资源的事实，我们推导出来了 Kindle 的优势和好处。拥有 700 余万册图书资源就意味着只要网络环境允许，人们就可以随时随地读到想读的书，这便是事实带来的优势。而对于商务人士而言，可以节省找资料的时间和精力是事实带来的好处。

事实 （客观事实）	优势 （一般利益）	好处 （对目标群体具有强烈吸引力的利益）
重 158 克	可以同时携带很多本书	节省找资料的时间，从而在工作上投入更多
拥有计 700 余万册图书资源	随时随地读到想读的书	

图 3-9 Kindle 产品优势分解

综上所述，我们需要先用 3C 原则创建故事框架，再将其总结成一句概念，用“换言之”“这时”等连接词将各要素串联在一起，通过故事创建新的意义。你要思考自己创造的概念能否解决通过洞察得到的顾客的需求，能否发挥竞争对手无法效仿的自己公司的优势，然后组织好语言。第五章将讲解把概念压缩成一句话的方法，本章的重点则是让你学会在 3C 原则的基础上构思故事，让概念逐渐成形的方法。

第 3 章最后用一个小练习帮助你进行一次故事设计实践，对本章的内容进行总结。

石田豆腐店 1

石田豆腐店是日本一家拥有 70 年历史的老字号品牌。该店从豆腐制作到实体店销售，再到网店运营，均一手操办。店里的招牌产品是一种质地偏硬的豆腐，人称“石豆腐”，其大豆含量是普通豆腐的 2.8 倍，富含蛋白质，营养价值极高。同时，它又和普通豆腐一样卡路里含量较低。石豆腐以日本国产大豆和天然食盐为原料，用当地的清水制作而成，一块石豆腐的价格约为 400 日元，是普通豆腐价格的 3 倍。人们很少会去凉拌石豆腐，而会用它制作“豆腐牛排”或麻婆豆腐，因为它不容易散开，这种豆腐切片吃下去的感觉就像是在品尝生鱼片。一直以来，石豆腐作为当地著名的特产，在土特产店和网店中都颇受欢迎。

然而，为了进一步向各家各户推广石豆腐，该店的社长想要开发新的产品和服务。以城市中的一般家庭为目标群体，石田豆腐店制定的战略是在保持原有味道的基础上更加聚焦于“高蛋白”和“低热量”这两点，让石豆腐走进家庭成员中有人在健身或有孩子在练习体育项目的家庭。

如果让你来思考，你会得出哪些新的产品或服务的创意呢？会设计出什么样的概念呢？请一边分析 4 个 C，一边用下文的故事格式进行描述。这一练习的重点在于 4 个要素之间要具有联系，你可以根据文章内容改变措辞（建议时长：1 小时）。

目标群体：城市中的一般家庭，夫妇中有一方喜欢去健身房 / 有孩子正在练习体育项目。

1. 因 ××× 陷入矛盾的家庭。（顾客 / 洞察）
2. 但是，其他商品和企业存在 ××× 的问题。（竞争对手 / 竞争）
3. 这时，石田豆腐店决定 ×××。（自己公司 / 优势）
4. 换言之，它提出了 ××× 的建议。（概念 / 新的意义）

思考方法与回答示例

本书之所以选择豆腐作为课题，主要有以下两方面的考虑：一方面，豆腐是人们都十分熟悉的食材；另一方面，豆腐是传统食材，不会受到最新趋势和技术的影响，单纯用商品和人的关系就可以构建故事。概念没有绝对的对错之分，下面提供一种思路供你参考。

1. 顾客 / 洞察

在此，我们用洞察“A 但是 B”这个句法结构来寻找会去健身房健身的夫妇在饮食上的矛盾心理。

心理 A：既想要高效摄取蛋白质

健身房的教练总是会向我们强调日常饮食的重要性，并推荐一些富含蛋白质的食物，而在健身房附近的便利店里，高蛋白食物也很受欢迎。因此，我们首先要捕捉到健身人群想要高效摄取蛋白质的心理，紧接着去寻找一个与之矛盾的心理。

心理 B：又讨厌味道单一的食物

许多高蛋白食物味道寡淡，鸡胸肉作为健身利器虽然有很多种烹饪的方法，但在味道上终究是单调的。那么可以想见，目标群体应该还有另一种心理状态，即讨厌味道单一的食物。

由此，这一洞察可以表述为“既想要高效摄取蛋白质，但是又讨厌味道单一的食物”，或“既想要摄取优质蛋白质，但是又觉得做饭太麻烦”“既想要增肌，但是又不想变胖”等。这些洞察都有道理，而以不同的洞察为起点，后续的故事情节也将发生很大的变化。

2. 竞争对手 / 竞争

在确定了目标、提出了洞察假设后，我们就要开始分析竞争对手，从类别、任务、时间这 3 个层次寻找竞争对手的弱点与疏忽之处。

类别：普通豆腐。

弱点：通过比较发现普通豆腐蛋白质的含量较低。

相同类别的竞争对手是普通豆腐。从高效摄取蛋白质这一角度来看，无论价格多贵，石豆腐都具有优势。

任务：鸡胸肉和蛋白粉等其他富含蛋白质的食物。

弱点：烹饪方式有限。

如果将摄取蛋白质设定为任务，我们可以列举出鸡胸肉等竞品。虽然这些竞品确实能够帮助人们高效摄取蛋白质，但总是吃一种食物，人一定会感到厌倦。另外，蛋白粉虽然方便，却代替不了正餐，因此，高蛋白的食材存在烹饪方式有限的缺点。

时间：健康餐厅等。

弱点：菜品标价高且耗时，不适合一家人用餐。

从时间层面来看，竞争对手还包括外面的餐厅。其中，有一些餐厅专门为锻炼后的人群提供服务，还有适合健美运动员用餐的餐厅，它们会提供各种富含优质蛋白的食物。但需要注意的是，外出就餐又贵又耗时，一家人不可能每天都去。

总的来说，与“既想要高效摄取蛋白质，但是又讨厌味道单一的食物”这一洞察相对照，高蛋白食材的烹饪方式有限是我们要锁定的现有产品的弱点。

3. 自己公司 / 优势

针对讨厌味道单一的食物的人群，我们可以提出石豆腐的以下事实、优势和好处。

事实：大豆含量是普通豆腐的2.8倍，质地偏硬，烹饪过程中不易散开。

石豆腐的大豆含量是普通豆腐的2.8倍，富含高蛋白，这是不争的事实。另外，它比普通豆腐质地更硬，就算是做成麻婆豆腐也不会散开。

优势：用多种烹饪方式制作身体所需的高蛋白食物。

事实能带来两个一般利益：一是人们可以摄取很多身体所需的蛋白质；二是用豆腐可以制作出很多味道鲜美的食物，如豆腐牛排、麻婆豆腐等。多种烹饪石豆腐的方式可以让人大饱口福，也不会对高蛋白食物心生厌倦，这应该就是石豆腐公认的优势。

好处：长期享受健身带来的快乐。

石豆腐的优势能带给目标群体的好处是，他们不再需要通过痛苦的饮食方式来保持身材，而会时刻享受健身带来的快乐，从而坚持下去。

4. 概念 / 新的意义

让我们先进行一下整理。石豆腐的目标群体是生活在城市中，夫妇双方都注重健康、经常去健身房的家庭，或者孩子正在练习体育项目的家庭。

虽然我们已取得了顾客“既想高效摄取蛋白质，但是又讨厌味道单一的食物”这一洞察，但高蛋白食材的烹饪方式有限的问题依然存在。于是，我们运用石豆腐的大豆含量是普通豆腐2.8倍的特性，提出了石豆腐具有如下好处：目标群体可通过多种烹饪方式制作食物，摄取身体所需的蛋白质，从而长期享受健身的快乐。

针对以上流程，我们考虑在连接词“换言之”或“因此”之后提出概念，重点在于除了向顾客传达石豆腐的营养价值，还要强调它有多种烹饪方式。如果能做到这一点，顾客就会每天都食用豆腐，并乐此不疲地享受烹饪带来的快乐。因此，我们创造的概念是“美味新习惯，让身体更强壮”，同时推出新商品——石豆腐 100 天菜谱。

之所以将重点放在石豆腐“菜谱”上，是因为我们的目的并不仅仅是卖出豆腐，还要将食用豆腐打造成一种健康的习惯。100 天菜谱体现了我们能够提供各种烹饪方式，让顾客连续吃上 100 天石豆腐也不会感到厌倦。豆腐店也可以采用一种新的经营模式，即刚开始只向顾客配送一周的豆腐，顾客如果喜欢，可以追加订单。

5. 4C 框架

以上就是 4C 框架的具体内容，在此，我们需要关注的是故事性而非创意本身。具体如图 3-10 所示。4 个部分彼此联系，构成了一个完整的故事，但我们还需要检查一下第四个框架里的概念是否回应了第一个框架里的洞察。这是因为在填充 4 个框架的过程中，我们得出的结论有可能偏离最初的洞察。

我们无须在一开始就将 4 个 C 进行完美组合，而是可以参照整体逐一调整每一个要素。

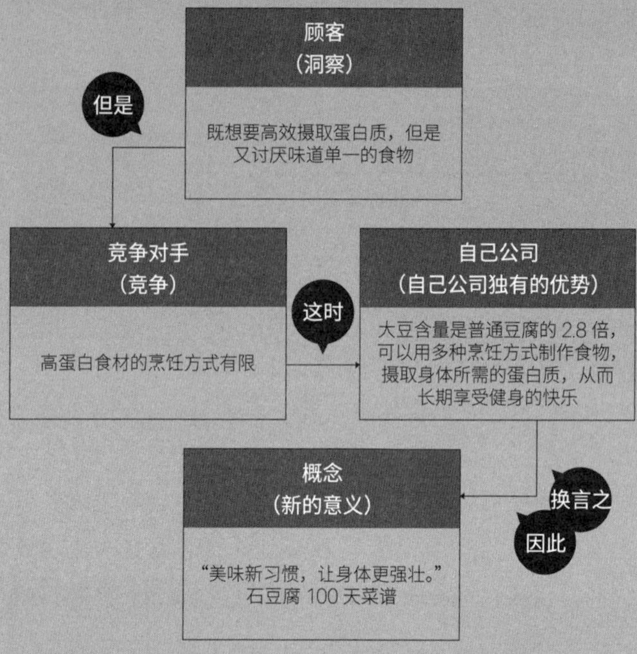

图 3-10　石田豆腐店的 4C 框架

- 既想要高效摄取蛋白质，但是又讨厌味道单一的食物，顾客的心理很矛盾。
- 但是，高蛋白食材的烹饪方式有限。
- 这时，我们发现石豆腐的大豆含量是普通豆腐的 2.8 倍这一事实，同时烹饪方式多样，提供人体所需的蛋白质，从而让人们长期享受健身的快乐。
- 换言之，我们提出了“美味新习惯，让身体更强壮”的概念，快来试一下石豆腐 100 天菜谱吧。

6. 概念文章化

在进行市场调查时，我们可以将概念写成短文，让目标顾客评价。下文就是我以上文 4 行故事结构为基础撰写的短文，同时添加了服务信息，以便顾客进一步了解该创意。

“既想要高效摄取蛋白质，但是又讨厌味道单一的食物。”

在连续健身几个月后，人们会产生这样的想法。

然而，高蛋白食材的烹饪方式有限。

想必您也正为此而感到困扰吧？

我在此真诚地向您推荐石豆腐。

它的大豆含量是普通豆腐的 2.8 倍。

切成片后就像是生鱼片，用油炸后就像是牛排，这体现了石豆腐的万能属性。

您可以通过多种烹饪方式用石豆腐制作食物，摄取身体所需的蛋白质。

而且不会吃腻。

您可以在享受美食的同时，持续健身。

无论是想要增肌的成人，还是正在长身体的儿童，我们都会提供配送套餐，其中包括 100 天健康菜谱以及一周的石豆腐食用量。

今天好好吃饭，是为了明天更加健康。

现在就开启改变未来的饮食习惯吧。

“美味新习惯，让身体更强壮。”

石豆腐 100 天菜谱——石田豆腐店

因为我尽可能直接引用了图 3-10 内的语言，所以在措辞上会显得有些别扭。但广告宣传语无须对标名言美文，也不必拘泥于修辞和文字，准确传达出商品的意义才是它的首要目的。你在写出短文后，需要对故事的联系合理与否做一个判断，这能让你在往后表达概念时更为顺畅。因此，你需要养成将概念写成短文的习惯。

☑ **洞察型故事：拯救顾客的故事**

- 故事由4C框架构成：顾客（customer）、竞争对手（competitor）、自己公司（company）、概念（concept）。
- 有人陷入困境；但是，这时无人帮忙；这时，伸出援手；换言之，建立……

☑ **洞察：人尚未得到满足的隐藏欲望**

- 描述洞察的基本句法结构为“A但是B”，A和B表示了人的两种矛盾心理。
- 例：Oisix外卖套餐既不想费时费力，但是又不想偷工减料。
- 例：THE FIRST TAKE既想轻松享受音乐，但是又想看到音乐人的诚意。
- 例：风倍清既希望去除家中异味，但是又认为清洗所有衣物太麻烦了。
- 关键在于洞察与概念之间的联系。

☑ **优势：专注胜利才会发现价值**

- 从三个角度寻找竞争对手的疏忽之处和弱点。
- 类别：相同类别的竞争对手。
- 任务：执行相同任务的竞争对手。
- 时间：同一时间段内的竞争对手。

☑ **公司：自己公司独有的优势是什么**

- 从三个角度分解优势。

- 事实：产品或服务本身具备的无法改变的客观事实。
- 优势：事实能带来的一般利益。
- 好处：能够强烈吸引目标群体的根本利益。

コンセプトの教科書
あたらしい価値のつくりかた

第 4 章

从未来视角设计 “愿景型故事”

不要舍弃那些无法
引起人们共鸣的新视角。
很多后来被认为
具有创新意义的概念，
正是从人们自以为是的
想法甚至是妄想中得来的。

在第 3 章中，我们学习了从顾客视角设计故事的方法。如果从顾客的矛盾心理入手进行周密的设计，你创造的概念就一定能得到顾客的共鸣。但洞察型故事并不是万能的，它的弱点在于我们无法用它设计出具有前瞻性的概念。

在解释洞察的时候，我舍弃了一些自以为是的想法，即那些无法引起他人共鸣的新视角。然而，回顾历史我们会发现，很多后来被认为具有创新意义的概念，都是从人们自以为是的想法甚至是妄想中得来的。

许多著名的企业家都强调过“不要只听顾客说了什么”。成功实现了汽车量产的亨利·福特就说过这样一句名言：“如果我最初问顾客想要什么，他们会告诉我要一匹更快的马。”史蒂夫·乔布斯曾反对征询客户需求的市场调查，他认为“人们不知道自己想要什么，直到你将产品放到他们眼前”。索尼的创始人井深大也曾在演讲中表示：“根据市场调查策划新产品已成为美国企业制造产品的惯例，但真正的创新应该是先推出产品，再进行市场调查。”

当然，将以上企业家的话简单地理解成“无视顾客”太过草率，正如我在解释洞察时所说的那样，顾客有时无法用语言表达出自己真正想要的东西。因此，我们应该先让顾客认识到我们正在设计的东西是有价值的，只有这样，设计出的产品才更容易得到顾客的认可。

在第 4 章中，我们将学习利用未来视角设计愿景型故事的方法，并以设计者提出的未来目标为起点推导概念。首先，我们要理解使命与愿景的含义，因为它们是我们在谈论未来的话题时一定会用到的两个概念。

用 MVC 构建愿景型故事

用语言连接过去与未来

使命与愿景的含义如图 4-1 所示。

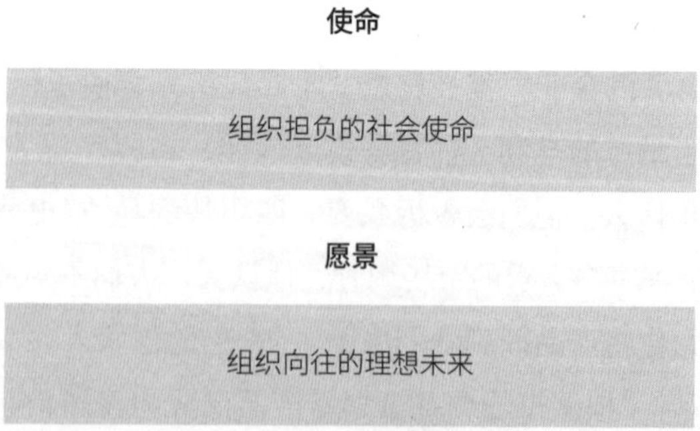

使命

组织担负的社会使命

愿景

组织向往的理想未来

图 4-1　使命与愿景的含义

使命的英文单词 mission 源自拉丁语 mittere，原意为“送达”，如今演化成了使命的意思。现在的“使命”一词与社会责任紧密相连，这也是“目标”“目的”等意义单一的词所不具备的特征。因此，在日本的商业领域，将其表述为“组织担负的社会使命”会更加贴切。

愿景的英文单词 vision 源自拉丁语 videre，原意为“看见”，并引申出视觉、视力、先见之明和预测等含义。在商业领域，我们可将其表述为“组织向往的理想未来”。

人们对使命与愿景有着各种各样的理解，稍有不慎就会陷入纠结中无法自拔。然而，比起认清它们的定义，你更应该学会用这两个词设计故事。我认为，用时间顺序的形式解释使命与愿景及其应用方法会比较有效。图 4-2 展示了企业或品牌从创立之初到未来发展的时间脉络，而使命、概念和愿景分别位于不同的时间节点上。

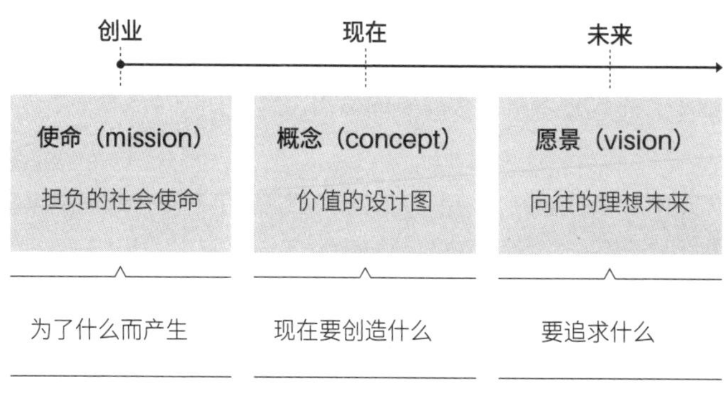

图 4-2　愿景型故事结构

使命是企业或品牌成立的根源，时刻伴随着组织的发展。换言之，使命是故事的起源，从创业到未来，一家企业或一个品牌的使命始终如一。

与肩负历史的使命不同，愿景则展现了企业或品牌未来的情形。使命是永恒的，而愿景会在实现的那一刻不复存在。在图 4-2 中，表示时间的箭头一直向右延伸，表示了组织在实现一个愿景之后，会继续朝下一个愿景进发。

概念对应的是现在，作为企业或品牌通往愿景的第一步，概念的作用在于通过语言将最优秀的思考表达出来，以期在 5 年、10 年、30 年推动企业或品牌抵达理想的彼岸。

桃太郎与肯尼迪总统的故事

使命表示的是一开始的任务，愿景表示的是未来总有一天会实现的目标，概念表示的是为了目标现在要做的事情。一旦明确这 3 个要素，你就能设计出时间线完整的故事。下面通过日本家喻户晓的桃太郎的故事，帮助你理解这类故事的结构，具体如图 4-3 所示。

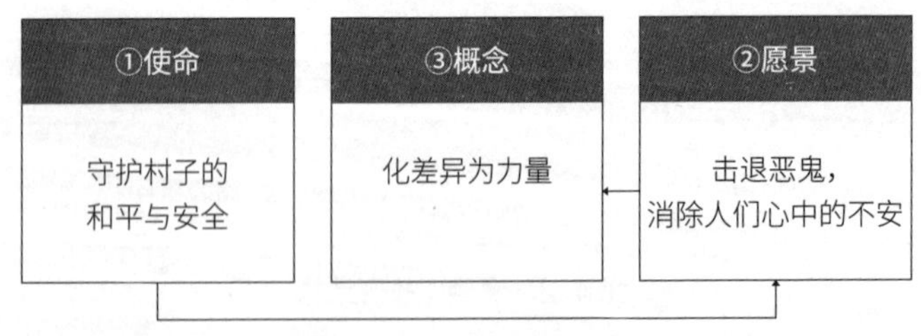

图 4-3　桃太郎的故事

首先，桃太郎的使命是守护村子的和平与安全，只要桃太郎活着，他的使命就不会改变。这个使命也不以桃太郎的意志为转移，因为这是村民赋予他的社会使命。

其次，我们将时光定位到未来，再讨论一下愿景。为了守护村子的和平，桃太郎和他的伙伴们向要击退恶鬼、消除人们心中不安的未来发起挑战。当恶鬼被打败时，愿景得以实现，于是，桃太郎和他的伙伴们便立即确立下一个愿景，如营造不再产生恶鬼的环境，由村民自己守护村庄的安全，通过村庄向世界传播和平理念等，或确立一个能够应对疫情、自然灾害等情况的愿景。虽然愿景可以有很多种，但这些愿景都是服务于使命的，即守护村子的和平与安全。使命才是团队集结的起点，也是通往未来的主线。

最后，概念成为实现愿景的第一步。为了实现击退恶鬼的愿景，现在的桃太郎能做些什么呢？恶鬼实力太过强大，桃太郎凭其一己之力迎战恐怕毫无胜算，因此，桃太郎集结了猴子、狗、山鸡等性格迥异的成员，大家齐心合力，最终战胜了恶鬼。这种化差异为力量的战术就成了基本概念。

对于人在基本概念的基础上制定的日常行动指南，我们一般称之为价值观。在描述企业概念时，我们一般只考虑使命（mission）、愿景（vision）与价值观（value）（我称之为 MVV）这 3 个要素就可以了。第 6 章将对价值观进行讲解。

虽然在时间顺序上，桃太郎故事的先后顺序是使命、概念、愿景，但你在讲述故事时，需要将这 3 点调换成如下顺序：使命、愿景、概念（我称之为 MVC）。在述说过去和未来的时候，你要将概念置于故事的中心，再用“一开始”“总有一天”“因此现在”等连接词串联起来，由此完成了简单的三行故事。

- **①使命**

  一开始，桃太郎的使命就是守护村子的和平与安全。

- **②愿景**

  总有一天，桃太郎会击退恶鬼，消除人们心中的不安。

- **③概念**

  因此现在，桃太郎要化差异为力量。

这个故事结构非常简单，但足以有效地展示所有商业构想。实际上，不只是商务领域的演说，政治家的演讲同样会采用这种故事结构。

众所周知，美国是一个文化多元的国家，其国民来自各个民族、各个人种，拥有不同的文化背景。因此，为了凝聚共识、促进理解，从而做出决策，立志成为美国总统的政治家们一直在学习如何讲出深入人心的故事。

例如，援引建国精神是美国政治演讲最为经典的开场白形式，政治家们通常会追溯国家的历史，讲述先辈们为了寻求更美好的生活而远渡重洋、开拓新天地的历程，并强调这种精神成就了如今的美国。此开场白会立刻激发美国民众的爱国情怀。通过提出使命，政治家全面肯定了国家的发展历程，也提升了听众的归属感。

接下来，政治家开始谈论愿景。例如，肯尼迪总统就曾提出“我们今天站在新边疆的边缘”，然后详细阐述了人口问题、教育、科学以及太空开发的未来等新边疆课题，具体如图 4-4 所示。

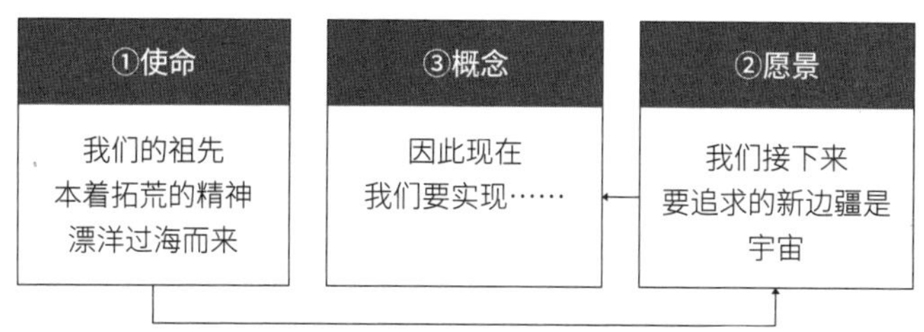

图 4-4　肯尼迪总统的例子

等到人们的热情被带动起来后，政治家会在最后提出概念，将愿景与新法案、新政策、新投资战略等具体措施结合在一起。在了解了政治家提出的使命与愿景后，听众会更容易接受全新的概念。

政治演讲的关键就在于展示愿景。1963 年，马丁·路德·金在林肯纪念堂前的台阶上发表了著名演讲《我有一个梦想》。在演讲中，他强调了 8 次“我有一个梦想”，成功地向所有听众展示了一个没有种族歧视的未来。演讲的部分内容如下：

> 我有一个梦想，总有一天，在佐治亚州的红色山岗上，昔日奴隶的儿子能够同昔日奴隶主的儿子同席而坐，亲如手足。

我有一个梦想，总有一天，我的四个小女儿将生活在一个不是以皮肤的颜色，而是以品格的优劣作为评判标准的国家里。

马丁·路德·金没有在演讲中使用抽象的道理含糊其辞，而是生动展现了具体的生活场景，由此打动人心。

历史上也存在演讲被恶意利用，导致社会朝错误方向发展的案例，因此，本书明确反对只重演讲效果而不顾演讲内容是否符合伦理道德的做法。

那么，企业或品牌应如何从未来的视角讲述故事呢？下文以一个公司的案例进行说明，这个公司如今已对全世界产生了影响。

SpaceX 火箭升空的故事

2020 年 5 月 30 日，美国太空探索技术公司 SpaceX 取得了一个巨大的成功，2 名宇航员乘坐“龙飞船”抵达国际空间站，首次实现了民用载人航天飞船抵达太空的梦想。2021 年 9 月，SpaceX 又将 4 名普通公民送入太空，实现了为期 3 天的绕地球轨道飞行。这时，整个世界都预感到 SpaceX 很有可能正在开启真正意义上的“太空旅行”时代。

SpaceX 是埃隆·马斯克于 2002 年成立的公司，因为开发太空事业需要巨额资金，所以美国政府决定采用民间自由竞争的方式降低太空的开发成本，SpaceX 就是首批响应政府号召的企业之一。在短短 20 年的时间里，SpaceX 取得了巨大成功，这种成功除归功于其强大的技术能力外，还在于 SpaceX 能集结高技术人才、吸引投资，让人们朝同一个目标前进的整合能力，而这种整合能力也就是“讲故事的能力”。那么，马斯克讲了一个什么样的故事呢？接下来我们将逐一探讨他提出的使命、愿景和概念，具体如图 4-5 所示。

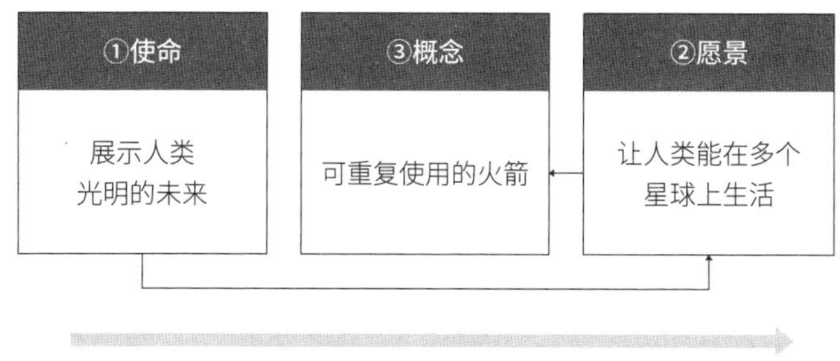

图 4-5　SpaceX 的例子

使命：展示人类光明的未来

作为一家私营企业，SpaceX 被人称作“超越国家的创业公司”，因此它承担着十分重大的使命。现在，敢于宣称对人类光明的未来负责的人少之又少，但马斯克却站了出来，提出环境污染会使地球面临毁灭的可能，人类必须立刻采取行动。基于此，马斯克还成立了一家经营范围涵盖电动汽车、能源管理及半导体业务的公司“特斯拉”。实际上，特斯拉和 SpaceX 的使命完全相同，一是确保地球的可持续发展，二是采用商业手段探索人类不依赖地球生活的方式。

马斯克的使命宣言一经发表，便遭到了诸多非议，有人批评他伪善，也有人讽刺他是在自娱自乐，媒体更是火上浇油，将他形容为一个顽皮的孩子、一个狂妄自大的人。然而，在马斯克度过重重危机之后，人们不得不开始承认他的宣言并不是欺骗投资人的谎言，而是他的真实想法。例如，在2008年次贷危机爆发后，马斯克公司的资金即将耗尽，SpaceX和特斯拉命悬一线，但即便如此，马斯克仍坚称“哪怕只剩最后1美元，我也要奉献给社会”，并且在邮件中告知全体员工“请不要为你的上司工作，而要为全人类的未来努力”。

在勉强度过次贷危机之后，马斯克仍面临着重重考验。火箭在试验时发生爆炸、工厂纠纷愈演愈烈、资金短缺等问题屡次见诸报端，但马斯克仍然时刻强调“一切为了人类”这一宣言。每当人们面对危机对马斯克产生怀疑时，他都会第一时间阐释自己的愿景。

愿景：让人类能在多个星球上生活

SpaceX的终极目标是打造一个可以在星际间自由穿梭的系统，从而让人类到地球以外的其他星球生活。马斯克曾设想在未来100年向火星运送100万人，并在火星建立基地，让人类在火星过上自给自足的生活。这听起来似乎不切实际，甚至超出了人们可理解的范畴，因此并不被人所接受。

然而，2012年马斯克在加州理工学院发表演讲时，曾说过这样一句话：“如果我们告诉300年前的人‘人类能飞上天’，他们一定会觉得我们疯了”。听到这句话的我突然意识到，没有什么是不可能的，只要不违反物理定律，人想象出来的事情就一定可以实现。这份信念也正是马斯克的强大之处，而为了不让愿景只停留在口头上，SpaceX 一直在全力追求一个特定的概念。

概念：可重复使用的火箭

开发火星事业的瓶颈不是技术，而是经费。美国政府通过竞标的方式把太空开发事业外包给民营企业，就是为了降低成本。因此，马斯克在一开始就提出“价格不合理，我们就无法进入太空”，他的目标是将火箭发射的费用降至 NASA 火箭发射费用的 1%。马斯克为了控制这一价格，提出了“可重复使用的火箭”的开发概念。

具体来说，SpaceX 的火箭在升空分离后，其一子级并不会“掉到”地面上，而会垂直着陆，只要工作人员在该部分着陆后替换掉内部的消耗品，就可以再次将其发射。因此，相较于一落地就失去了作用的火箭，SpaceX 的火箭发射成本实现了大幅下降。美国政府发射人造卫星大约需要 2 亿美元，而 SpaceX 只需要 6 000 万美元（截至 2020 年），成功将发射人造卫星的成本压缩为官方的 1/3。

另外，降低火箭发射的价格还能推动太空旅行的普及。只有让太空旅行的价格与海外旅行的价格持平，我们才能够实现真正意义上的火星之旅。

下面，我们要尝试用三行剧本，通过“一开始”“总有一天”“因此现在”这 3 个连接词，简短讲述 SpaceX 的品牌故事。

一开始，SpaceX 的使命是为了展示人类光明的未来。总有一天，它要实现让人类能在多个星球上生活的愿景。因此现在，它要制作可重复使用的火箭。

这就是愿景型故事的整体结构。下文将分别阐释表达使命和表达愿景所需要的语言形式。

审视过去的使命

过去不止一种意义

在书写使命之前，我们需要审视过去，而审视过去的重点在于挖掘本质价值。第 2 章提到过，对目的的提问方式是“如果将实际销售的商品作为手段，那么我们最本质的目的是什么”。我们在寻找使命时，应该思考：“如果将迄今为止制造的产品视为手段，我们真正的目的是什么？”此时的目的指的是社会期望的使命。

以下举例说明企业重新定义过去、寻找使命的具体过程。A 公司制造的肥皂深受关注肌肤健康的女性消费者喜爱，然而，目前的肥皂市场已经饱和，为了实现进一步发展，A 公司决定重新寻找使命，由此提出了目的问题：如果将迄今为止制造的肥皂视为手段，那我们真正的目的是什么？对此，员工一致认为真正的目的是创造“女性的健康美”，这个目的也就成了A公司的使命，为其构思下一个业务板块打下了基础。为了进一步丰富健康美的概念，A公司将产品类型从肥皂扩充到了底妆和彩妆。

之后，A公司成了世界知名的化妆品品牌，为了在已经成熟的化妆品市场再次做出变革，它提出了“如果将迄今为止生产的化妆品视为手段，那我们真正的目的又是什么”。女性美的概念已经有了改变，随着从女性专注家庭生活的时代向女性参与社会生活的时代的变迁，女性美的意义和作用也发生了变化，A公司则一直顺应着时代潮流，致力于让女性大放异彩。通过这一洞察，A公司审视过去，进而提出了“女性自信”方案（见图4-6），决定在未来业务拓展中为女性教育、女性就业提供支持，不仅帮助女性提升外在美，也推动女性关注内在美。

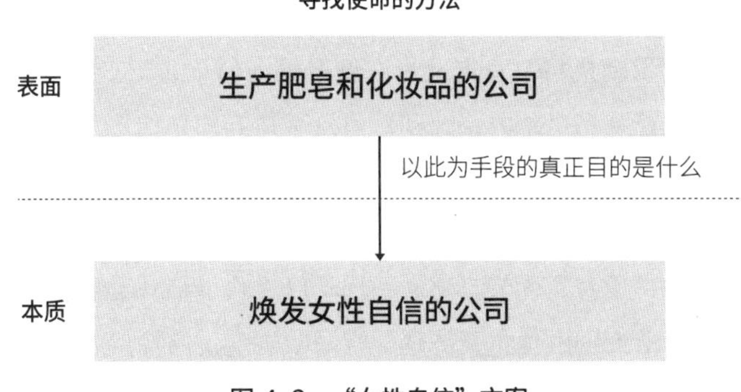

图4-6 “女性自信”方案

无论何时，未来终究始于对过去的发现

从生产肥皂的公司到打造女性健康美的公司，再到焕发女性自信的公司，A 公司就像是一些老牌企业的缩影，它们持续变革，在每一个阶段都会重新定义公司的使命。因审视历史的视角和立场不同，过去所具有的意义也发生了改变。另外，探索过去的意义还能帮助企业界定未来，打造女性健康美的企业与焕发女性自信的企业这两种企业未来的发展一定会有巨大差异。换言之，使命可以为愿景指明方向。

使命具有普遍性与特殊性

日本雅马哈发动机公司迄今已开发了多种移动工具，包括摩托车、船只、水上摩托艇、雪地摩托车、电动轮椅等。与前文的化妆品公司相比，雅马哈的产品线更加多样，因此，它的使命似乎并不容易锁定。但即便产品种类繁多，雅马哈的思考方式也未曾有过改变：在将多领域项目视为手段时，目的应该是什么呢？

雅马哈发动机将自身定义为“创造感动的企业”，它坚称自己制造的不是能从一个地方快速到达另一个地方的移动工具，而是为人带来感动的工具（见图 4-7）。重新审视其产品线，我们便会发现雅马哈生产的产品不仅实用性强，还在海上运动、雪山运动等颇具娱乐性的领域占据优势。感动一词不仅反映出雅马哈管理多个业务领域所带给人的触动，又体现了雅马哈发动机的特点。思考下一个要创造的感动，才能引导出独特的愿景。

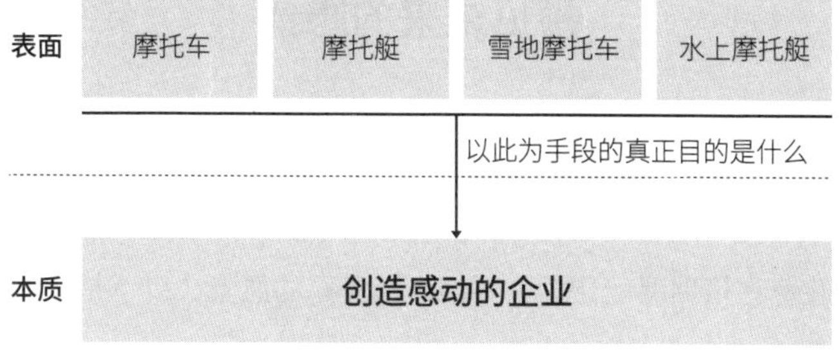

图 4-7　雅马哈的例子

同样是在移动出行领域，丰田汽车在 2020 年 3 月提出了“量产幸福”的使命，幸福虽然是一个通用词汇，但在与量产结合后却体现出了独特的属性。与此同时，丰田汽车还宣布公司将从汽车公司转型成移动出行公司。“量产幸福”这一概念就像是一则故事，描绘了丰田汽车重新编写汽车量产技术的历史，以及在汽车之外构建了量产更多移动出行工具的未来。

“创造感动”“量产幸福”“女性自信”这些用来表达使命的语言需要显现一种普遍性，而非限定性。如果用摩托车、汽车和肥皂等具体的产品或服务来定义使命，那么企业将难以构想有效的未来发展方向。在前文美国铁路公司的案例中，美国铁路公司曾将自己定义成铺设铁路的公司，而未能意识到自己其实是创造人或物移动方式的公司，由此导致了发展的衰退。

与此同时，使命也需要捕捉企业或品牌的特殊性，重点在于找到如感动、量产等与企业根本特质息息相关的概念。用语言表达使命的关键在于同时抓住普遍性与特殊性这两个方面。

预见未来的愿景

可视的语言与不可视的语言

我曾在培训课上让学员写出自己公司的愿景，以下是他们给出的答案。

- 用信息技术让人变得幸福。（印刷公司）
- 通过运动让人健康地活到 100 岁。（老年健身培训班）
- 提高日本企业的生产效率。（咨询公司）
- 开启全民冲浪的时代。（个体经营）

从阐述业务和经营理念的标准来看，上述表达都很不错，似乎没有需要反驳的地方。但这些并不能被称为愿景。

愿景原本的意思是“看见”，它的作用在于用可视的语言表达向往的理想未来。因此，愿景应该是具体的，让听到的人能产生相应的想象。显然，上面几个表达并没有做到这一点，因为通过这些描述，人们很难想象出具体的画面，也就是说，它们并不是可视的语言。

许多优秀的企业家一直致力于实现未来可视化，日本京瓷公司创始人稻盛和夫就曾说过，愿景就是“现实的结晶”，他强调经营者构思的愿景应呈现五彩缤纷的色彩，而不是单调的黑白。他表示：

这和运动中的形象训练类似，当形象被压缩到极致时，将呈现为“现实的结晶”。反过来说，在此之前我们必须抱有强烈的决心，进行深入的思考，采取切实的行动，找到“现实的结晶”最终的形态，只有这样，我们才能实现创造性的事业与成功的人生。（节选自稻盛和夫《活法》）

愿景的形成如图 4-8 所示，其中纵轴表示时间从现在到未来的发展，横轴表示语言从抽象到具体的程度。愿景位于右上象限，表示的是未来具体的事物。

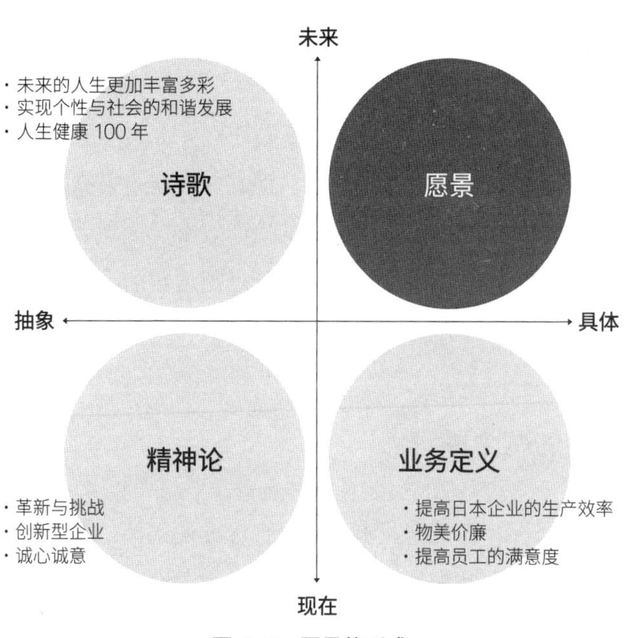

图 4-8　愿景的形成

SpaceX 的愿景是让人类能在多个星球上生活。如果用“太空创新”或“在太空也能过上充实的生活”这种模糊的表达，SpaceX 也不会取得今天的成就。索尼的创始人井深大在研发高新科技产品晶体管时，并没有下达“制造创新产品”这种模糊的指令，而是在家家户户都有一台收音机的时代，用“制造装进口袋的收音机”生动展现了新的生活场景，也鼓舞了索尼工程师们的士气。由此可见，可视的语言具有一种让听到的人想要去实践的魔力。

很多人谈到未来时倾向于使用抽象的词汇，于是出现大量像诗歌一样的表达，如图 4-8 左上象限所示。例如，“未来的人生更加丰富多彩”“实现个性与社会的和谐发展”就是典型的诗歌语言。暂且不论其作为诗歌是否合格，单就愿景来说，它们是失败的表达。

还有一个经常被人当作愿景的是位于图 4-8 右下象限的业务定义。一些业务定义虽然被称作愿景，但其内容与未来毫无关系，只是谈到了当下。如“提高日本企业的生产效率”这句话讲的就是当下的实际情况，而非对未来的展望。若想把这句话改成愿景，就需要在后面加上一句未来要实现的理想目标。

描绘愿景的两个关键点

我们不必在一开始就写出一个符合标准的愿景，而是可以先写一个草稿，然后以此为基础与团队成员进行讨论并反复修改。描绘愿景本就是一个不断试错、不断精进的过程，而在此过程中，我们需要牢记以下两个关键点。

关键点 1：提高辨识度

描绘愿景的第一个关键点是提高语言的辨识度，下面以老年健身培训班的愿景“通过运动让人健康地活到 100 岁”为例进行分析。这句话虽然听上去很不错，却没有展现具体的场景，由此，我们要从意思最模糊的词语“健康”入手，将通过体育锻炼实现的健康具象化。

例如，可以将健康具象成“100 岁时照样可以运动”，就会比原句更能引发人的想象。还可以再进一步将运动一词具象化，写成“100 岁时照样可以全力跑完 100 米”，使人们对未来的想象更加清晰。这体现了一个用可视性语言替换模糊表达、提高语言辨识度的过程。请比较以下两句话。

- **修改前：**通过运动让人健康地活到 100 岁。
- **修改后：**努力让百岁老人也能跑完 100 米。

稍稍变换几个词，愿景的传播力就发生了巨大的变化。通过修改后的文案，每个人都可以对未来产生想象。请继续探讨以下几个修改案例。

- **修改前：**用信息技术让人变得幸福。
- **修改后：**用信息治疗不治之症。

这是印刷公司针对新业务提出的愿景。当我询问提出者让人变得幸福具体指什么内容时，他表示是指利用最先进的印刷技术助力药物研发。印刷产业也是一种信息产业，这句话的提出者想要描述的构想是借助信息技术的力量治疗疾病，但他却没能将这一清晰的想法通过愿景表达出来。其实，只要将幸福替换成治疗疾病，这段文字就能清晰地表达出其未来的愿景。

- **修改前：**开启全民冲浪的时代。
- **修改后：**将冲浪变成生态学必修课。

通过修改前的文案，我们无法推断该公司推广冲浪的原因。而在听完提出者的解释后我才明白，原来该公司是想通过冲浪，让人们亲身感受地球环境的变化。修改后的文案融入了提出者的思想，也明确了冲浪的社会意义。

关键点 2：跨越安全地带

描述愿景的第二个关键点是站在与当前有一定距离的未来去描述愿景。如图 4-9 所示，在现有的组织能力下，企业实现目标的难易程度一般有 3 个分区，区域越靠外，实现目标的难度越高。

图 4-9 的中心是被称作“舒适区”的安全地带。这个区域内的目标通常是企业当前业务的延伸，不会给人带来心理负担。越是严谨的人越会在舒适区内思考愿景，因为他们重视的是愿景能否实现。

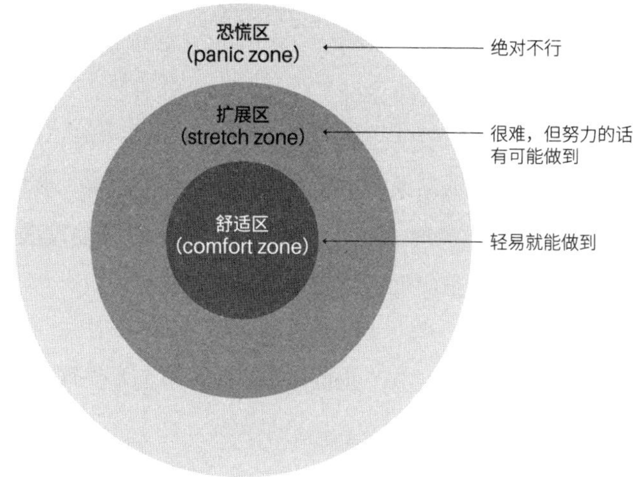

图 4-9　找到合适的愿景距离

位于舒适区外侧的是“扩展区”，此区域内的目标在企业现有的情况下难以实现，但也并非不切实际。如果提高企业自身能力的话，这些目标也有可能实现。此区域会激发人产生新的想法，面对新的挑战，也会为组织注入活力，因此企业应该在扩展区内思考愿景。

位于最外侧是“恐慌区”，此区域内的目标是无法实现的理想未来，因而人们会不知从何入手，在思想上产生混乱，并陷入恐慌。企业确实应该跳出安全地带思考愿景，但也不能太过缥缈。

上文介绍的某咨询公司的“提高日本企业的生产效率”就是位于舒适区的愿景。对于咨询公司来说，提高企业的生产效率就是该公司的日常工作，而该公司也可以在扩展区思考愿景，如“消除日本企业工作与时间上的浪费”。

- **修改前：**提高日本企业的生产效率。
- **修改后：**消除日本企业工作与时间上的浪费。

如果日本企业引入新系统，生产效率就会相应提高，要做到这一点并不难。然而，实现“零”时间浪费，企业就需要发散思维，提高团队的眼界，创造出能够引导全新概念的愿景。

第 2 章讲到的谷歌“10X 提问法”，就属于企业强行将愿景移出舒适区的典型案例。

- **修改前：**减少由人为失误造成的交通事故。
- **修改后：**创建一个没有因人为过失导致交通事故的环境。

如果你将明天就能实现的内容写成了愿景，那就不妨试着再把它的程度扩大 10 倍，对愿景重新进行思考。

香奈儿如何用愿景得出概念

如果你能描绘出未来的景象，就可以发现此刻没有的，但存在于理想未来的事物。换言之，通过审视愿景，我们能捕捉到概念。可可·香奈儿传奇的创业故事便是印证了这一点的绝佳案例。

20 世纪上半叶，在香奈儿登场之前，女性的身体完全被束缚在装饰繁重又很紧身的衣服里，而香奈儿道破了女性服装的欺骗性，指出女性的服装不过是为了迎合男性的喜好，让男性购买的衣服罢了。为此，香奈儿确立了“实现女性身体自由”的愿景，在她对未来的设想中，女性将摆脱束缚，发挥自主意识，实现穿衣自由。因此，她决定为新时代的女性重新设计服装。

香奈儿敢于打破常规，不在裙子设置束腰。在香奈儿之前，虽然也有设计师提出过不使用束腰的想法，但他们仅停留在了实验阶段，而第一个真正将束腰变成过去式的正是香奈儿。

> 使用蕾丝、束腰、内衣、填充物等进行装饰，让身体出汗后也能自由活动。（摘自保罗·莫朗《香奈儿：讲述人生》）

随后，香奈儿又将目光投向了用于制作驯马师外套的平纹针织面料，并用它制作连衣裙，这种便于身体活动的休闲连衣裙就是香奈儿愿景的具体体现。在解放了女性的身体之后，香奈儿又发明了能挎在肩上的单肩包，彻底解放了女性的双手。另外，香奈儿还发明了口红，方便女性出门后随时随地补妆。

无论是将黑色从丧服的颜色转变成摩登裙子的颜色，还是仿制珠宝的时尚配饰，香奈儿创建的概念已成为当代女装的设计范本。创造一个能焕发女性活力、实现女性独立的时代是香奈儿所有创意的最终目的。可以说，已成为女性企业家先驱的香奈儿本人就是这一愿景的具体体现，她不仅将愿景转化为概念，还用愿景照亮了全新的生活方式。

没有争议就不是愿景

最后需要注意的一点是，**好的愿景皆源于争议，越是新颖的、有意义的愿景，越会遭到既得利益的组织或个人的强烈反对。**相反，没有人反对的愿景，很有可能是社会和组织已设计好的，符合其预期的和谐未来。因此，在创造愿景时，我们不要过度在意他人的反对和批评，也不要使用诗歌般的表达方式，一定要提出明确的未来。

第 4 章小练习的主题仍然是第 3 章出现过的石田豆腐店的问题。

石田豆腐店 2

石田豆腐店在新商品销售方面进展顺利。以“美味新习惯，让身体更强壮”为概念，该店在线销售石豆腐 100 天菜谱，并附带配送一周的石豆腐，如愿得到了目标群体的好评。在关注身材的新世代眼里，富含高蛋白的石豆腐极具吸引力，石豆腐的做法也很方便，经过简单烹饪就可以做出各式各样的菜肴，且处在发育期的儿童也可以安心食用。这些都是石豆腐热卖的主要原因。

拥有 70 年历史的石田豆腐店并没有因一次的成功而满足，它以此为契机，决心改革，立志将石豆腐从地方特产变成全国知名品牌。此时，石田豆腐店的当务之急是尽快确立使命与愿景，于是，豆腐店老板找来员工进行商讨，让他们尝试提出与“美味新习惯，让身体更强壮”的概念紧密相连的使命与愿景。

企业或组织在创建使命与愿景时，通常会进行相关的历史研究，咨询相关人员，有时还会举行研讨会。在本练习题中，我们需要像建立假说一样从零开始思考。关键在于能否创建出与概念“美味新习惯，让身体更强壮”相匹配的文案（建议时长：30 分钟）。

思考方法与回答示例

1. 使命：寻找社会使命

创建使命的重点在于提出问题："如果将迄今为止制造的产品视为手段，我们真正的目的是什么？"因此，你要寻找的不是具体产品，而是由产品带来的广泛价值。本次故事的主角是专门制作地方传统食品石豆腐的石田豆腐店，那么如果将石豆腐作为手段，什么才是它的真正目的呢？我们在考虑社会使命时，会特别想到以下几个观点。

观点 1：地域文化，即（以石豆腐为手段）守护地方特色文化。

观点 2：健康，即（以石豆腐为手段）宣扬健康的饮食习惯。

观点 3：原材料 / 自然，即（以石豆腐为手段）充分利用大豆这一原料。

观点 4：匠人技艺，即（以石豆腐为手段）传承匠人技艺。

观点 5：环境，即（以石豆腐为手段）减少烹饪时产生的二氧化碳。

本次改革的方向是将石豆腐从地方特产发展成全国知名品牌。对于将地方特产在全国推广的原因，你可以结合观点 1 与观点 2 进行分析。如今日本各地都在传承并保护传统的饮食文化，其中有许多食物能满足人们对健康的需求。石田豆腐店因改革而提出的概念也是源于老板关注到了石豆腐这一传统食品的蛋白质含量，希望将其打造成面向现代家庭的健康食品。因此，可以将石田豆腐店的使命看作“将地方传统美食打造成日本健康食品”。

在这一使命之下，石田豆腐店既不会固守地方饮食文化，也不会彻底放弃地域特色直接发展为国家品牌，而会在兼具地方特色的同时，向全国进行推广。

2. 愿景：用语言描绘向往的理想蓝图

在描述由使命引申出来的理想未来时，若我们从健康食品这一关键词出发，想到的愿景就会是“创造一个没有不良饮食习惯的时代”。过去的日本人并没有不良的生活习惯，而人们如果能通过改善饮食而不是服用药物来预防疾病，必将在社会上引起巨大反响。但是冷静下来思考，我们便会发现这个目标对于一家豆腐店来说可能过于宏大，已经越过了前文提到的扩展区，而直接跨进了恐慌区。因此，我们需要回归现实，思考一些切实可行的愿景。

石田豆腐店描绘愿景的关键在于强调饮食习惯，因此我们首先需要描述出一个场景，即人们养成每天吃豆腐这一健康食品的习惯。人们每天在考虑晚上吃什么的时候，不是只想到肉或鱼，而是会想：“吃肉、吃鱼还是吃豆腐呢？”这样一来，石田豆腐店的愿景就变成了将豆腐当作主菜。

将新构想的使命、愿景和概念联系在一起，就可以构建如下所示的三行故事。

①使命

一开始，石田豆腐店立志将地方传统美食打造成日本健康食品，实现品牌升级。

②愿景

总有一天，它要实现让人们将豆腐当作主菜的愿景。

③概念

因此现在，它要让人们认识到“美味新习惯，让身体变强壮”。

当然，正确答案不是唯一的，我们可以构建出各式各样的3行故事。在这个小练习中，你要反复确认3个要素能否形成一个完整的故事，如果这个故事情节十分合理，可以被他人所接受，那么它就是合格的。

由概念构建的金字塔结构

第 3 章和第 4 章讲解了设计概念故事的方法，为了方便起见，本书按照洞察型故事与愿景型故事的分类对概念故事的设计进行了阐述，但在实际工作中，我们不应该将这两种类型分开，而应该进行综合思考。如图 4-10 所示的概念金字塔就是将两类故事的框架整合在了一起。

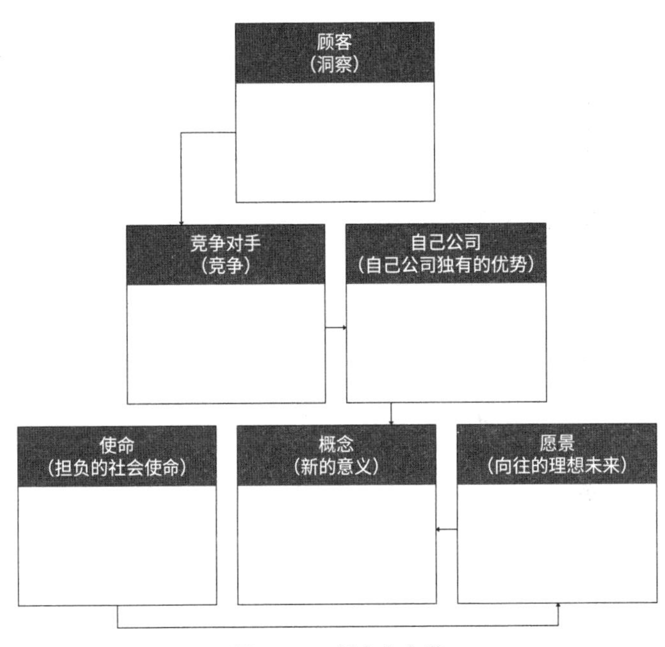

图 4-10　概念金字塔

当概念创造的纵向流程以洞察顾客为起点走到金字塔的最底端时，就会包含了使命和愿景的横向流程（时间轴）汇合，而这一交汇处就是概念。换言之，我们设计概念是为达到以下两个目的：一是回应顾客的洞察；二是引领组织或团队实现愿景。

你可以从图 4-10 所示的 6 个空格中的任意一个开始思考。参照石田豆腐店的例子，你既可以通过洞察型故事创造概念，再将其扩充到愿景，也可以从愿景型故事入手，验证概念是否符合顾客的洞察。另外，也有许多人选择从自身公司优势或公司与竞争对手的不同点入手设计故事。

让我们通过爱彼迎的案例创建一个概念的金字塔结构。首先，我们需要从洞察型故事开始分析。

爱彼迎的洞察型故事：旅行爱好者的全新体验

顾客

我们可以从热爱旅行的年轻人身上找到这样的洞察：“虽然是第一次来到某个城市，却不想被当成外地人。”因为他们知道，与当地文化接触得越深，旅行越难忘，所以他们无法从一般的旅行体验中获得满足感。

竞争对手

对于不在意住宿条件的商务人士以及对海外旅行深感不安的人来说，选择位于便捷商业区的、可提供周到服务的高档酒店最为稳妥。然而对于渴望深度体验当地特色文化的游客来说，在高档酒店反而感受不到当地特色。在2012—2021年担任万豪国际酒店CEO的阿恩·索伦森（Arne Sorenson）曾注意到了爱彼迎的价值，并指出："如果你在埃及的开罗醒来，一定希望真正置身于开罗，而不是在美国的田间屋舍。"

自己公司

由此，爱彼迎倾尽全力构建能接待全球游客的房东社区，其价值源泉不在于物理意义上的住所，而在于人与人之间能产生情感联系的家。尽管很多时候游客并没有与房东接触，但当游客住在房东精心准备的屋子，并以房东的视角走在当地小路上，体验与房东相同的日常生活时，他一定会和房东产生一种共鸣。

概念

"让世界上的每个地方都成为你的家"这一概念也是爱彼迎提出的一个建议，专门针对那些不喜欢统一行程而愿意去寻求真正文化体验的游客。

总结过后，我们可以写出以下洞察型故事。

爱彼迎的洞察型故事

1. 有这样一群讨厌统一行程的游客，他们虽然是第一次来到某个城市，却不想被当成外地人。迄今为止的住宿体验虽然便捷，但他们总认为自己没有感受到地方特色。

2. 由此，爱彼迎建立了能接待全球游客的房东社区。游客能够像当地人一样生活，体验当地真正的文化。

3. 让世界上的每个地方都成为你的家，这是爱彼迎的提议，献给每一个热爱旅行的你。

爱彼迎的愿景型故事：为世界建立新的联系

接下来我们将思考由使命和愿景组成的面向未来的故事。

使命

随着互联网的出现，社交媒体的影响力不断扩大，但在爱彼迎看来，这一发展并没有让人与人的联系变得更加紧密，反而让人与人的距离更加遥远。即便一个人的网络账号关注量激增，拥有了几万个网友，他终究还是孤独的，因此，爱彼迎认为人们真正需要的是社区，它以此为信念，提出了“通过科技将人与人合为一体”的使命。

愿景

爱彼迎的创始人布莱恩·切斯基在 2015 年发起过一个名为 #OneLessStranger 的活动，其字面意思为让世界上又少一个陌生人。这个活动也透露了他的愿景，即爱彼迎不仅提供住宿服务，还要打造一个人与人之间相互联系、让每个人的朋友都遍布世界的时代。如果我们在每个城市都有认识的朋友，那么我们就会觉得世界很小，从而减少和人的冲突。这是网络社交媒体无法实现的未来。

当我们结合使命与愿景，解读“让世界上的每个地方都成为你的家”这一概念时，就会发现其中蕴含的深刻含义，已远超旅行体验本身。

我们可以将以上内容总结成如下所述的愿景型故事。

爱彼迎的愿景型故事

1. 在人际关系淡漠的时代，爱彼迎希望通过科技将人与人合为一体。它相信，人与人之间的真诚互动是慰藉孤独的良药。

2. 具体来说，爱彼迎希望打造一个让每个人的朋友都遍布世界的时代。如若实现，我们会觉得世界很小，从而减少和人的冲突。

3. 因此，爱彼迎正在推广“让世界上的每个地方都成为你的家”的住宿形式，带动你像当地人一样生活，体验当地真正的文化。

最终创建出的爱彼迎的概念金字塔如图 4-11 所示。在同一个概念下，洞察型故事侧重于提供解决方法，愿景型故事则代表着宏大目标实现的第一步。而经过周密设计的概念可以同时展现以上两个方面。

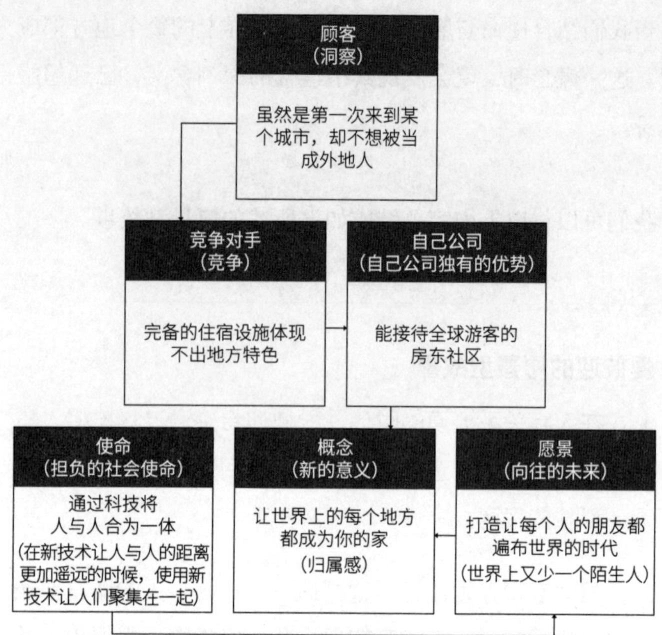

图 4-11　爱彼迎的概念金字塔

如果你能够理解上述内容，那就说明你掌握了设计故事的基础知识。第 5 章将指导我们如何运用关键短语表达概念。

☑ **愿景型故事：指连接过去与未来的故事形式**

- 讲述“一开始”的使命，展示“总有一天”的愿景，提出为了目标现在要做的事情就是概念。
- 例：桃太郎的故事、肯尼迪总统的故事；SpaceX 火箭升空的故事。

☑ **使命是组织承担的社会使命**

- 真正要创造的东西是什么？探寻普遍性。
- 是否存在关乎企业根本的特质？探寻特殊性。
- 例：雅马哈发动机。

☑ **愿景是组织向往的理想未来**

- 用可视的语言描述理想的未来。
- 描绘愿景的两个关键点：提高辨识度；跨越安全地带。
- 例：让人类在多个星球上生活的 SpaceX。

☑ **统一整合洞察型故事与愿景型故事**

- 用金字塔表示概念设计的整体。
- 可以以任意一格为起点开始思考。
- 即便从愿景出发也不要忘记洞察。

コンセプトの教科書

あたらしい価値のつくりかた

第 5 章

将概念凝练成一句话

提炼关键词时，
我们要将大致构想中
多余的部分删减，
这就好比雕刻，
即从繁杂的信息中
精雕出本质的含义。

在本章中，我们将学到提炼关键词，将概念概括成一句话的方法。为了向他人简单明了地传达新的意义，我们需要在删减和打磨句子的内容上下功夫，这一过程与第 3 章和第 4 章提到的扩展故事内容在方向上完全相反。

在夏目漱石的小说《梦十夜》中，曾提及因雕刻东大寺南大门金刚力士像而名声大噪的运庆法师，以下引用了小说主人公在梦中观摩运庆雕刻时的场景。

> “真行！他怎能那样运用自如，凿出自己想凿的眉毛与鼻子的形状？”我由于太感动，不禁自言自语地说着。刚刚那个年轻男子回我说：“不难啊！那根本不是在凿眉毛或鼻子，而是眉毛与鼻子本来就埋藏在木头中，他只是用凿子和棒槌将之挖掘出而已。这跟在土中挖掘出石头一样，当然错不了。”

虽然与大师的方法相提并论有些不自量力，但本书所讲的提炼关键词的过程确实与之相似。在提炼关键词时，我们要将大致构想中多余的部分删减，找到最终要表达的内容，这就好比雕刻，即从繁杂的信息中精雕出本质的含义。

本章将分3步讲解将概念概括成一句话的方法。首先是“整理”要表达的内容；其次是“删减”多余的信息；最后是“打磨”句子。当然，你也可以将其理解为概括的步骤，而不是固定的规则，因为有人会觉得比起遵循固定的步骤，通过直觉创造概念会更为有效。因此，你可以在掌握本章所述技巧的基础上，找到适合自己的写作方式。

3大步骤，将概念凝练成一句话

第1步：整理含义，运用3点整理法

我们需要在一开始就整理出关键词要表达的内容。在我看来，所有概念最终都可以通过一种句子结构表达出来，即“A为了实现B承担C的作用”。因为我在整理句子的含义时用到了“顾客”“目的”和“作用”这3个要点，所以我将其称为3点整理法，如图5-1所示。

首先，A是主语，表示顾客。我在第1章中提到过，企业必须以顾客视角构建概念，并将概念的主语定为人，使概念自然而然地形成。

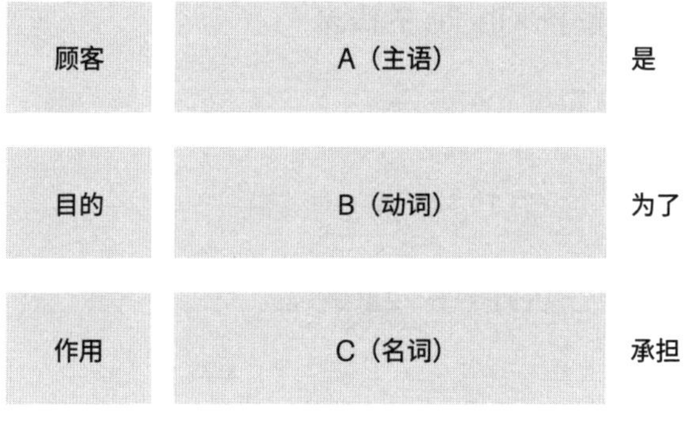

图 5-1　概念的 3 点整理法

其次，表示目的的 B 是一句话，其中必须包含动词。为了让 A，即顾客由于你提供的产品或服务有新的收获，你需要在 B 里写下迄今为止从未采取过的行动。

最后，表示作用的 C 是指品牌提供的产品或服务能承担的作用，需要我们用名词表达。为了让人们有新的行动，品牌要思考如何用文字明确表达出自己可以发挥的作用。

如果使用 3 点整理法解析前文多次提到的星巴克和 Kindle 的概念，我们可以归纳成以下内容。

用 3 点整理法解析星巴克的概念

- **顾客：**在城市疲于奔命的人。
- **目的：**在城市中放松。
- **作用：**存在于家庭和职场之间的休息场所。

用 3 点整理法解析 Kindle 的概念

- **顾客：**世界上的每一个人。
- **目的：**在 60 秒内获得所有书籍。
- **作用：**书店兼电子书籍阅读器。

前面几章已经介绍了以上两个案例品牌的最终概念，因此运用 3 点整理法得到的描述看起来可能过于冗长，而本章的目的就在于化繁为简。下面的两个案例对应的是社会上十分知名的品牌，你可以试着从信息中提炼概念。

未来计算机

艾伦·凯（Alan Kay）曾任职于加利福尼亚州帕罗奥图市的施乐帕洛阿尔托研究中心，他于 1972 年发表的一篇论文曾彻底改变计算机的未来。当时的计算机体积庞大，可以占满整个房间，因此运行计算机需要消耗大量的人力与财力。但那时的科学家和工程师坚信，计算机体积越大，功能越齐全。

然而凯对此进行反驳，提倡将计算机体积缩小，以便每个人都能拥有一台属于自己的计算机。基于这一观点，他设计出了最早的平板电脑，且价格相对便宜，不到 1 000 美元。艾伦解释说，设计平板电脑的初衷是想为儿童设计一款既能用来看电影和打游戏，又能用来阅读和写作的工具，换句话说，他将计算机的工具属性从帮助成年人完成大量的商务分析工作，转变成了帮助儿童获得新的学习方式。我以概念为视角，重新审视凯发表的改变了计算机未来的论文，整理出了以下内容。

- **顾客：** 儿童。
- **目的：** 在享受娱乐的同时也能够阅读和写作。
- **作用：** 一人一台电脑。

畅销的新型烤箱

2004 年问世的新型烤箱是家用烤箱这个已经发展成熟的产品类别中的一个新品，它运用了一种名为“烧水烘焙”的技术，特点是能利用加热后的水蒸气进行烘烤。其实，这一技术在此前已被应用在专业的商用烤箱中，所以新型烤箱真正的创新点并不是该技术，而在于关注健康，实现低盐少油的烘焙方式。我将这款已持续热卖 20 年的人气商品的概念做出如下描述。

- **顾客：** 意识到不良生活习惯的人。
- **目的：** 低盐少油的健康烘焙。
- **作用：** 烧水烘焙的烤箱。

在第 1 步中，我们要切实表达出新的含义，将包括细节在内的所有内容完整地记录下来，即便句子稍显冗长也没有关系。

第 2 步：删减信息，选择“目的”或“作用”

接下来你要找到概念的核心，概念的关键短语基本上可以分为目的型和作用型两种形式。运用 3 点整理法写出的句子中，新含义的核心是在第二行，还是第三行呢？在前文 4 个例子的目的和作用中，你可以选择自己认为更重要的一个，同时还要考虑哪一个能够传达新的含义，哪一个仅用一行就能做出准确的表达。

首先分析星巴克。你会选择目的（在城市中放松），还是作用（存在于家和职场之间的休息场所）作为新含义的核心呢？如果你选择目的，那么外带和罐装咖啡可以达到同样的效果，所以这句话无法传达星巴克的特殊之处。这样看来，星巴克其实是在创造空间方面更具意义。因此，在这个案例中我们可以判断出，作用更加重要。

- **顾客：**在城市疲于奔命的人。
- **目的：**在城市中放松。
- **作用：**存在于家庭和职场之间的休息场所。

其次分析 Kindle 的案例。“书店兼电子书籍阅读器”这个作用比较普通，没有与其他产品形成鲜明的对比。而在目的方面，在 Kindle 上市之时，除了亚马逊，没有第二家敢宣称读者可以获得所有书籍。由此，我们可以判断出在这个案例中，新含义的核心在于目的，即“60 秒内获得所有书籍”。

- **顾客：**世界上的每一个人。
- **目的：**在 60 秒内获得所有书籍。
- **作用：**书店兼电子书籍阅览器。

未来计算机的案例也比较容易分析。它最为成功的提案就是“一人一台电脑”，这个作用的价值在于展示了与时代主流相反的意见。而“在享受娱乐的同时也能够阅读和写作”这一目的，通过一些教材也可以实现。

- **顾客：**儿童。
- **目的：**在享受娱乐的同时也能够阅读和写作。
- **作用：**一人一台电脑。

最后分析新型烤箱。烧水烘焙并不是新技术，虽然从消费者的角度来看，“烧水烘焙”是一个新鲜事物，但这不会成为他们消费的理由。因此，我们可以判断出新型烤箱新含义的核心在于“低盐少油的健康烘焙”。

- **顾客：**意识到不良生活习惯的人。
- **目的：**低盐少油的健康烘焙。
- **作用：**烧水烘焙的烤箱。

第 3 步：运用 2 个单词原则，打磨文字

你最后的任务是将表达出来的文字打磨成一句话。我在美国工作的时候经常收到过一个建议，那就是要想创造一个好的概念，就要努力将所有要表达的内容压缩为 2 个或 1 个单词。

本书列举的许多案例都符合 2 个单词原则，如索尼的“放入口袋的收音机”就对应了 2 个英语单词：Pocketable Radio，星巴克的“第三空间”（Third Place）、艾芙兰的“极致透明”（Radical Transparency）也是如此。爱彼迎的“让世界上的每个地方都成为你的家”（Belong Anywhere）也是 2 个单词，有时它甚至只用 belonging（归属感）1 个单词来表示概念。

为什么要追求 2 个单词的表达呢？最根本的原因在于人们一次性最多只能理解 2 个概念。例如，若将索尼的概念改为“可以放入口袋的完全防水收音机”，将星巴克的概念改为“拿铁一绝的第三空间”，将艾芙兰的概念改为“极致透明与卓越性能”，那么所描述产品的焦点将变得模糊不清，让人难以理解。只要再加入一个词，概念的精确程度就会急剧下降。

所有的创新都是已有概念的组合，无论多么新奇的技术与想法，最终都由 2 个单词组成。语言表达上也是如此，将 2 个常见的单词组合在一起，就有可能表达出前所未有的新意义。

诚然，不是所有的英语语法规则都适用于日语，日本人就很难通过 2 个日语单词表达概念，而为了原则牺牲日语原本灵活的语法

结构也不可取。然而，作为创新的构成要素，我们要尽量追求2个单词的组合。

从星巴克的作用（存在于家庭和职场之间的休息场所）中提炼关键词后，我们会找到3个单词：职场、家庭和休息场所。但是，这3个单词的特性不够明显，也不利于人们记忆与应用，而"第三空间"（Third Place）通过2个单词，就将原本用3个单词才能说明白的事情表达了出来。

- 存在于家庭和职场之间的休息场所

↓

- 第三空间、Third Place

Kindle的"在60秒内获得所有书籍"是一个近乎完美的简洁概念，虽然这一概念有补充性说明，但主要还是"书籍"与"60秒"这2个单词的组合。这2个关键词的衔接并不完美，但胜在易于理解和记忆。

那么，针对未来计算机的作用（一人一台电脑），我们应如何改进呢？最理想的改法是用一个词表示"一人一台"，而恰好有一个英语单词personal表示的就是"个人的"意思。"个人电脑"（personal computer）虽然已成为当下一个成熟的商品门类，但在这个概念确立之初是具有划时代的意义的。它以一种不同寻常的文字组合，在宣扬计算机越大越好的时代横空出世，给当时的人们带来了强烈的冲击，如今已成为解释矛盾法的范例。

- 一人一台电脑

↓

- 个人电脑

对于新型烤箱，我们该如何打磨“低盐少油的健康烘焙”这句话呢？从 2 个单词原则来看，这句话主要由“健康”和“烘焙”结合而成，因此可以直接引用这个单词组合。此外，首次将这句话变成概念的是夏普的畅销商品 Healsio 水波炉，Healsio 这个名称本身就源自健康烤箱的概念，并兼具“少盐”的含义。夏普仅用 2 个单词就创造了鲜活的概念，也为消费者展示了新的动词形式。

- 低盐少油的健康烘焙

↓

- 健康烘焙、Healsio

关键短语的 3 种类型

上文讲解了通过整理含义、删减信息、打磨文字 3 个步骤将概念概括成一句话的方法。如果从词汇结构出发，我们可以将由此产生的关键短语分为 3 种类型。

第 1 种是 3 点整理法中以目的为核心的目的型概念，包括“将 1 000 首歌曲放入口袋”“健康烘焙”“让世界上的每个地方都成为你的家”等，这几句话主要描述了消费者的新行为。

第 2 种是关注作用的作用型，属于这一类型的概念有“第三空间”“个人电脑”等。与关注人行为新颖性的目的型概念不同，作用型概念关注产品和服务本身能否发挥新的作用，一般会使用展示了企业或品牌作用的名词来构建。

一般而言，创造概念的理想状态是将所有关键词组压缩成一句话，但是根据企业文化以及概念等内容，我们也需要进行一定的附加说明。在这种情况下可以使用第 3 种连接型概念，将目的与作用组合在一起。

关键短语的 3 个类型如图 5-2 所示。

图 5-2　关键短语的 3 个类型

如果个人电脑的目标群体不是所有人，而是医生，那么为了明确含义，我们需要补充概念，写为“可以携带所有病历记录的个人电脑”。如果 Healsio 水波炉的目标群体是营养师或医护人员，那么我们需要补充概念，写为“低盐少油和健康烘焙”，这样能更直接地表达健康的含义；如果水波炉的目标群体是工程师，我们就需要补充一些技术术语，如“通过加热水实现健康烘焙”。

而在以创建新产品类别为目的的情况下，我们只能选择连接型概念。当企业试图从现有市场之外开创新的领域时，它必须通过关键短语提示全新的目的、全新的产品。换言之，如果不将目的和作用组合起来，企业就无法完整地表达新产品的意义。

2018 年，因推出打车 App 及外卖送餐业务而为人所知的优步（Uber）公司公布了一项全新的业务计划“Elevate 项目”，致力于飞行汽车的研发与应用。而该计划之所以能引起学者、记者、创业者、投资人、风投专家共鸣，就在于它的概念：消除拥堵，空中的士。下文用 3 点整理法重新表述这一概念。

- **顾客：**城市居民。
- **目的：**消除拥堵。
- **作用：**空中的士。

无论是将概念集中在作用“空中的士”上，还是目的“消除拥堵”上，我们总觉得信息仍不全面。若企业只用“空中的士”一词来表达概念，就没有展现出飞行的目的，听起来更像是天真的臆想；若只用“消除拥堵”来表达概念，又难以让人体会到空中飞行这一技术的震撼之处。因此，明确必要性和创新性，对于创建新产品类别的概念是必不可少的。

虽然优步如今因为核心业务业绩低迷而将空中交通系统业务转卖给了其他公司，但它能够将飞行汽车的构想落实到消除拥堵这一具有社会价值的商业概念中，本身具有十分重大的意义。

通过连接型概念，我们可以毫无保留地表达自己的构想。同时我们也要注意，概念的关键词应该易于记忆。

请你进行以下概念创造练习，将概念凝练成一句话。首先阅读以下虚构公司的任务书。

住宿 / 酒店预约网站

Trail Japan 是日本实力排名靠前的住宿 / 酒店预约网站，业务覆盖日本全国各地的住宿设施。迄今为止，该公司一直致力于在官方网站的易操作性和图片美观性等方面优于其他公司，以此吸引用户。然而，随着在线预约服务变得日益普及，行业竞争也愈加激烈，这导致比较关注用户网站体验的 Trail Japan 的行业排名迅速被竞争对手所赶超。如今，该行业的竞争焦点已全部集中在成交量和价格上，但若只靠人力进行比拼，大公司更有优势。

为了打破僵局，Trail Japan 在公司内部集结精英团队，开始更新公司的服务概念。团队意识到，过去公司只追求网站的易操作性，以至于忽略了设立公司的初心，由此，Trail Japan 重新确立了大致方针：打造助力日本地方振兴的预约网站。热门景点和主要住宿设施的业务就由大公司来负责，Trail Japan 开始挖掘尚未进入大众视野的日本地方特色。

Trail Japan 希望生活在城市中的人们能够找到自己愿意多次前往的引人入胜的地方，而不是去过一次就不会再去的地方。因此，Trail Japan 决定派人亲自前往知名度较低的地区，挖掘当地魅力，宣传地方特色，制订全新住宿计划。

请阅读 Trail Japan 团队用 3 点整理法记录的以下概念，并思考 2 个问题。

顾客：生活在城市中的人们。

目的：找到愿意多次前往的引人入胜的地方。

作用：旅游信息发布与预约平台。

问题 1：如果要提炼关键词，你会从目的入手还是从作用入手？

问题 2：请在你选择的句子中提炼关键词，表达上尽量做到简洁明了，由 2 个单词组成。

阐　述

问题 1 的思考方法

“找到愿意多次前往的引人入胜的地方”是目的，“旅游信息发布与预约平台”是作用，我们能够从哪一个解读出更深层次的新含义呢？

阅读文章后我们可以发现，Trail Japan 团队以“打造助力日本地方振兴的预约网站”为方针，制订了挖掘尚未进入大众视野的日本地方特色的行动方案。因此，从团队的角度来看，我们应把新概念的重点放在“找到愿意多次前往的引人入胜的地方”这一目的上。

顾客：生活在城市的人们。

目的：找到愿意多次前往的引人入胜的地方。

作用：旅游信息发布与预约平台。

问题 2 的思考方法

接下来，我们继续打磨“找到愿意多次前往的引人入胜的地方”这句话。这个句子中大致包含了多次前往、引人入胜的地方和找到这 3 个单词，而我们的目标是将它们缩减成 2 个单词。

多次前往和引人入胜的意思基本一致，因此我们可以将二者汇总成一个概念，做出如下表述：

· 找到愿意多次前往的地方。

这个表述已然十分清晰，而为了进一步完善关键词，我们可以想象一下“多次前往”的意思，尝试重新表述这句话。如果你多次前往同一个地方，就会十分熟悉那里的人和店铺，而那里的人也会把你当作常客，热情地招待。甚至当你进店时，他们不会说“欢迎光临”，而会说“欢迎回家”。本着这样的思考，我们可以将上述关键词进行如下修改。

· 找到想要回去的地方。

· 找到想要回去的城市。

用回去代替前往，人和地区的情感联系也瞬间得到升华。

让我们更加深入地思考，尽量用更为优美的表达代替“想要回去的城市”。人们想要回去的城市有时就是指故乡，如果用英语表达，可以写为 Second Hometown（第二故乡）。在删减多余的信息后，表述将变得更加清晰。

· 找到第二故乡。

· 创造第二故乡。

· 第二个可以回去的家。

· Second Hometown(第二故乡)。

在日本，随着城市人口不断增加，人们愈加向往田园般的故乡，希望能找到一个自己可以随时回去的“家”，换言之，就是人们想在偶然得知的地方，过一段悠闲自在的生活，修复自我，且无须顾及他人。因此，对于 Trail Japan 网站来说，比起寻找完美的住宿计划，帮助人们找到田园般的故乡更具意义。

“找到第二故乡”这样简洁的概念，更容易被人们所记住和应用。然而，根据企业文化、目标群体的性质、语言条件等实际情况，我们也需要加以适当的说明。在这种情况下，我们可以采用连接型概念进行表述，如“找到第二故乡的旅游平台”“找到第二故乡的日本探索平台”等。

甄别文字的能力能否通过练习获得

当概念创造工作进入最后阶段时，概念创造者需要用自己甄别文字的能力对概念进行检查。这种能力绝不是概念创造者与生俱来的素养，而是经过其后天努力和经验累积而形成的。

有很多人想通过扩大词汇量创造好的概念，拥有丰富的词汇量固然重要，但一个人创造概念的质量好坏与他的词汇量的多少其实并没有直接关系。

假设我们要为一款新啤酒设计商品概念，而说到啤酒，人们一般会想到口感、浓郁、麦芽、啤酒花、泡沫、美味等词汇。就像网络搜索引擎的预测功能一样，与啤酒相关的词汇同样是固定的。然而，要想开拓新的市场，让概念中的词汇给人一种耳目一新的感觉，那么我们就必须脱离常规的联想范围。由此可见，创造概念的关键不在于你掌握了多少词汇，而在于你能舍弃多少先入为主的词汇，选择多少与众不同的词汇。

1987 年推出的朝日超爽啤酒（Asahi Super Dry）就选择以“辛口”作为商品概念。辛口曾经是人们描述日本清酒口感时会用到的形容词，之前从未出现在啤酒的概念中。而作为引进的概念，辛口体现了超爽啤酒独特的口感，即人在喝第一口时顿感酒气凛冽，再喝一口倍感清爽。

实际上，“辛口”并不是一个多么罕见的词，很多喝酒的人都知道它的意思。然而，要让辛口与啤酒这一主题相匹配，仅仅知道这个词还远远不够。一个具备甄别文字能力的人，需要超越搜索引擎的功能，提出出人意料的表达。那么，我们该如何培养这种能力呢？

联想法：连接联想、创造新感知

如果我们想找到常规范围之外的变化，一般会将联想无限扩大。我们可以拿出一张白纸，在纸的中心写上主题，然后像展开联想游戏一样，在纸上不断写下与主题相关的词汇，从而形成“思维导图”。思维导图有各种各样的形式，足以帮助我们进行简单的联想拓展。

例如，我们可以设想一个向高中生推销智能手机的课题。首先，我们在纸的正中央写上“高中生与智能手机”，接下来按照联想游戏的规则连接词汇。如果你第一个想到的词是相机，就会接连想出照片、自拍、回忆等与相机相关的词汇，其中的关键在于暂时抛开“手机”主题，开展自由联想。如果你只在主题相近的范围内思考，就无法找到常规之外的内容。

如果继续从回忆进行拓展，我们还会联想到学园祭、友情、羁绊、3 年时光、毕业册等词汇。至此，我们已经收获了许多与相机相关的联想。接下来让我们聚焦于思维导图的起点“智能手机”和终点“毕业册”上，由此创造一个概念：3 年后，你的手机将成为一本毕业册。这个概念生动展现了手机相册承载了 3 年回忆这一画面。虽然智能手机与相机，相机与毕业册在常规联想中有关联，但在一般情况下，智能手机与毕业册并没有直接联系。因此，从智能手机想到毕业册属于小型的联想飞跃，而这次飞跃使人们对手机产生了新的认知。

许多广告文案策划师在策划时，会进行反复联想。日本蜻蜓铅笔的广告中曾出现过这样一句话：火箭源自文具。“文具是开拓想象力的工具”对人们来说是常识，但如果将文具和火箭组合起来表达同样的意思，就会让人们眼前一亮。这句话同样运用了词汇联想。

文具与火箭、智能手机与毕业册、啤酒与辛口，让我们将那些不相关的词汇用联想连接起来，收获新的认知。

偶然法：灵活运用与词汇的偶遇

与联想法不同，偶然法超越了合理的联想范围，要求人们在完全不相关的词汇中寻找灵感。

偶然法的具体操作常见于杂志的用词。首先，一些杂志会选择与自身主题毫无关联的用词，如汽车主题选用时尚杂志的用词，美容主题选用体育杂志的用词，总之，重点在于错开主题。

举个例子，我们可以提取足球杂志中的词构建美容和化妆品的相关概念，如使用“热身”、“对决”（指足球比赛中一对一比拼）、“从内部锻炼”重新组合成“美丽热身”、“利于对决的妆容”（指利于近距离对决）、“从内部锻炼肌肤”等新词组。通过将不同领域的专业词汇相互组合，就能创造出全新的含义。

除了杂志，你还可以参考书籍。你可以将随机翻开的笔记本的某一页显示的词汇写入概念或文案里。我个人推荐你去书店或图书馆走一走，因为在这里，你可以找到最多的词汇，它们以信息传播的形式分布于各种类别的书籍之中。当你徜徉书海，不断运用看到的词汇设计概念时，就有可能创造出意想不到的表达。不论哪种情况，偶然法的关键都在于刻意制造与词汇的偶遇，同时运用自己的能力将不相关的词汇引用到概念中。

同义词法：替换单词，寻找最佳方案

同义词法就是指找到关键词的同义词或近义词进行替换。我在讲解 Trail Japan 的案例时，曾分析了“愿意多次前往”这一短语，而以多次前往为例，我们可以列出多个同义词，如想定居，想成为居民，想成为常客，想融入，想往返，想回家，想重返，想变得亲近，想去那里上班，想去那里上学，想经常光顾等。

其中，想定居属于意料之外的表达，听上去很有趣，但是它与旅游网站的业务初衷相去甚远，会使旅游网站看上去更像是房地产网站。另外，想重返虽然是同义词，但容易让人联想到回不去的状况，反倒为生活徒增烦恼，给人一种消极的印象。对比下来，还是“想回家的城市”这一表达最为贴切。我们就需要像这样反复思考同义词并进行对比，以确定最终的措辞。

对于同义词储备量不足的人，可以使用同义词辞典。这类辞典会将意思相近的词罗列在一起，作家、学者等以写作为职业的人通常会利用它查找某个词适当的替代词或对应措辞。

当我们使用同义词辞典查找“品牌”一词时，会发现品牌被划分在“记号”类词语中，这类词语还包括印记、目标、记忆、标识、徽章、商标、指标等，并扩展到了音符、家徽、纹章、象形文字等词。由此，我们或许可以将品牌理解为标志、家徽或象形文字一样的东西。像这样在语言的体系中进行思考，我们的思维将得到无限拓展。

我们选好的一个词会像磁铁一样，将意思相近的词吸引过来。如果不亲身尝试，你就不会理解这种感觉。

拓展联想，发挥偶然的力量，并用同义词连接。在一开始，你需要有意识地进行训练，但熟悉了相关方法之后，你便会应对自如。毕竟人的能力是可以不断培养的。

提高概念创造能力的 10 种语法结构

有 10 种基本语法结构可以帮助你提高遣词造句的能力，其中的每一个方法都是我们在创造概念时会用的王牌，希望你能够熟练运用。你不必对这些语法结构产生畏难情绪，而可以像玩文字游戏一样，按照语法结构创造概念。

第 1 种：变革叙述法，由 A 变成 B

当你想要提出涉及重大变化的创意时，可以尝试运用变革叙述法。变革叙述法是记录概念前后变化的语法结构，一般形式为“从 A 到 B”或“由 A 变成 B”，其中 A 为现状，B 为变化后的理想状态。对 A 和 B 的文字选择要体现出变化前后的显著差距，这样创造出来的概念才能给人以耳目一新的感觉（见图 5-3）。

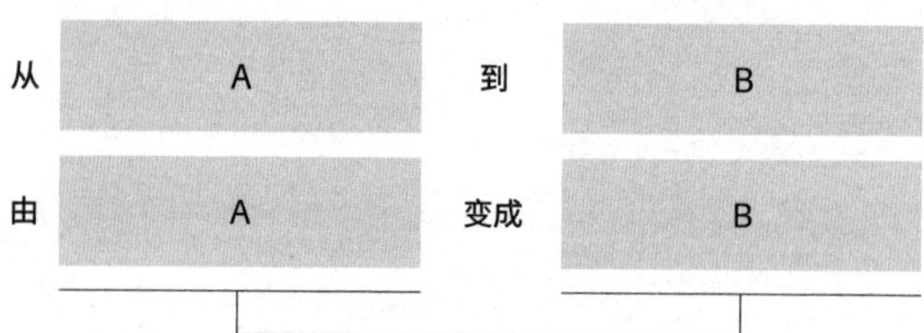

图 5-3　变革叙述法

从现状到理想，传达变化的概念

有一位男士在某超市连锁店运营公司从事经营企划工作，在以顾客视角创造超市的概念时，他的回答是“与当地人紧密结合的超市”。虽然“与当地人紧密结合”是一个十分常见的表述，但我们可以思考一下，当地人真的喜欢紧密结合这一特色吗？所谓紧密结合，也可能体现出了超市在善意地推销商品。

当我询问这位男士“与当地人紧密结合”的意思后，他表示，超市的店铺大多位于远离城市的郊区，因此，大部分顾客会开车过来，买完东西后马上回家。然而，近几年他发现来超市采购的居民还会在停车场与他人相互攀谈几句，于是，他想到能否将超市从单纯销售商品的场所变成附近居民可以轻松聚会的地方。以上便是他写出“与当地人紧密结合”的初衷。

这位男士已经发现了超市应追求的变化方向，而在这种情况下，如果他运用变革叙述法提出概念，会取得很好的效果。我鼓励他尽快按这种语法结构重新构思，到了第二天，他给我的答案是“由去买东西的店，变成去见面的店”。比起“与当地人紧密结合的超市”，修改后的概念表现了具体的变化，易于理解，让人觉得即使没有要紧事，没有要买的东西，自己也会想要去超市看看。之后，这位男士告诉我他在公司内部分享了这个概念，公司员工针对他的概念展开了热烈的讨论，并从一些不花钱也能实现的创意出发，决定在超市开设咖啡吧，以便顾客歇脚聊天，又准备了试吃品供顾客品尝。

从可见的变化到可创造的变化

有很多知名的概念就是通过变革叙述法产生的。例如，JR 东日本（JR East）在设立商业综合体业务板块时，项目团队提出的概念是“由通行的车站变成聚集的车站”，这一概念将车站从行人匆忙穿行的地点，转变成了旅客可随意驻足放松的地点。可以看到，这个基于理想变化生成的概念如今已在许多车站实现。

森大厦株式会社（MORI Building）的防灾概念是“由逃出去的地方变成躲进来的地方”。过去人们在遭遇地震时，通常被告知要从室内跑到宽敞的室外，而森大厦围绕以高层建筑为中心的开发项目“六本木新城俱乐部”，提出了颇具野心的概念，并立志将俱乐部打造成人们能够在里面避难的建筑。因此，该公司设计了具有抗震和减震功能的房屋结构，配备了独立的能源供应系统，进行了大规模物资储备并安装了应急井，在此基础上，公司还确保了附近机构可为 10 000 名受困群众提供 3 天的临时住所。

如果你创造的概念体现出了一些变化，那么你可以将表示现状或对象的 A 与表示理想状态的 B 写出来，再按“从 A 到 B”“由 A 变成 B”的语法结构进行补充，得到概念。

第 2 种：比较强调法，与 A 相比，B 更加……

比较强调法是一种以同时提出否定和肯定两种意见来明确内容的方法，通常采用“与 A 相比，B 更加……”，或者“不是 A，而是 B”的语法结构。用这种方法写出的概念，能改变人们看待事物的优先顺序，颠覆大众的常识性认知（见图 5-4）。

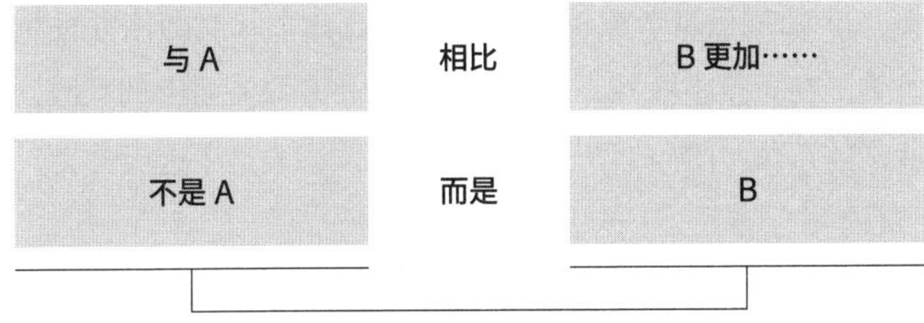

· 在 A 中填入传统常识

· B 通过否定常识提出新的常识，给人留下深刻的印象

图 5-4 比较强调法

仅有 2 个单词的概念

美国畅销运动饮料品牌佳得乐（Gatorade）在 2012 年更新换代之际，提出了“ON < IN”这一像暗号一样的品牌概念。它的意思是什么呢？

佳得乐的主要目标群体是十几岁的年轻运动员，也就是初中、高中的体育特长生。经调查，佳得乐发现年轻运动员并不重视在运动时补充液体和营养，他们渴了就喝水或果汁，饿了就吃一些巧克力零食，甚至有人认为花钱买佳得乐这种能快速补充水分的运动饮料纯属浪费。年轻运动员并非缺钱，但他们更愿意花钱购买价格昂贵的运动鞋或运动服。

通过调查，佳得乐意识到，它真正的竞争对手不是其他饮料品牌，而是运动服饰品牌。能帮助运动员补充能量、焕发身体活力的只有饮料和食物，而运动服的性能再优越，也无法让营养不足的人运动起来，对于运动员来说，最应关注的就是摄入体内的能量。因此，佳得乐确立了 ON < IN 这一带有劝说性质的概念，其中 ON 指穿在身上的衣服，IN 指喝进肚子里的水或饮料。这让十几岁的体育特长生认识到，为了在竞技中获胜，最应该投资的不是穿在身上的衣服，而是喝进肚子的东西。ON < IN 通过符号的形式，表达了这层含义。

虽然经营方针只有短短 2 个词，却让佳得乐彻底改变了市场营销策略。在推出品牌概念后，它没有立即宣传旗下运动饮料的详细功能和营养成分，而开始在全国各地呼吁年轻的体育特长生重视水分补给，并创造了一句十分经典的广告语：胜利源自体内（Win From Within）。

“不是 A，而是 B”决定了“这是什么”

被称为宅急送之父的大和运输公司原社长小仓昌男曾提出“宅急送不属于运输业，而属于服务业”，并积极雇用有服务业或个体户从业经验的人做货运司机。这些司机在给老年人运送较重的包裹时，会主动提出帮助老人把东西搬到房间里；但面对单身女性时，他们不会这么做。公司要求货运司机不必照搬工作手册行事，而可以按照实际情况灵活处理，像酒店服务生那样为顾客提供热情周到的服务。可以说，小仓社长的这句话否定了运输业将货物运到即可的传统做法，着重强调了顾客至上的服务理念。

史蒂夫·乔布斯在苹果公司初创期曾多次强调：“我们不是工程师，而是艺术家。”这句话也可以说是苹果的组织概念。从产品外观、界面排版，到操作性能上的各种细节，乔布斯要求员工务必在设计时追求美感，即使是用户看不到的基础部分也要做得美观。毫无疑问，得益于“不是工程师”的管理思维，乔布斯打造出了世界上为数不多的以设计取胜的品牌。

你在工作中也可以使用“不是A，而是B”“与A相比，B更加……”的语法结构，在概念中进行否定和肯定。

第3种：“不”的消除法，不需要A的B

市面上的许多新产品和新服务是为了解决消极问题而诞生的，对此，你可以找出一些包含“不”的词语，如不满、不安、不适、不方便，并锁定那些令顾客感到痛苦的“不”，想象一个不存在这些问题的世界。这样一来，你会创造出一个十分强有力的概念（见图5-5）。

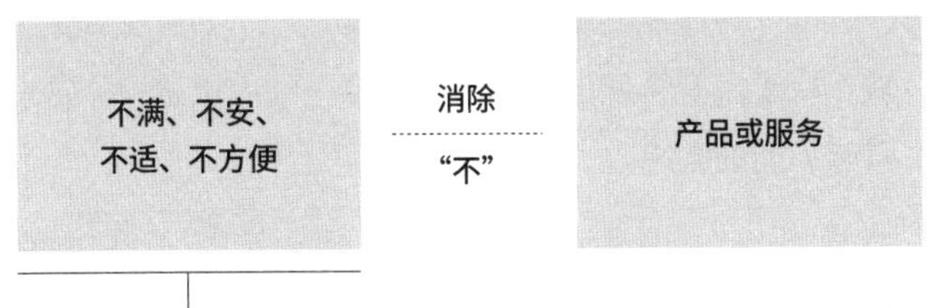

图5-5 “不”的消除法

消除生活中的痛苦

“不”代表顾客的痛点，指生活中人们需要花钱才能解决的痛苦，而医疗器械公司泰尔茂（Terumo）直接解决了字面意义上的痛点，提出了“无痛注射针”的概念，为糖尿病患者研发了世界上最细的胰岛素注射针头纳诺斯（Nanopass）。而继无痛针头之后，泰尔茂公司又研发了“无惧注射针”，通过缩短针头的长度消除患者视觉上对针头的恐惧感。

在家电领域，不需要清理过滤器的空气净化器、不需要叶片的电风扇等无须拆卸清洗的商品越来越畅销，“吸力不会降低的吸尘器”这一概念同样采用了类似消除“不”的语法结构。在服装领域，无钢圈文胸因在文胸产品中去掉了束缚女性身体的钢圈而大受欢迎。

“不”的消除法也有助于人们辨别一个创意是否包含顾客价值。一位在纺织材料公司工作过的员工曾提出过一个特别的概念：穿一件衣服度过春夏秋冬。天气炎热时，这件衣服可以通风降温，天气寒冷时，它可以将汗液转化为热能，这真是一个如魔法般美妙的概念，但缺点在于没有体现出顾客价值。穿一件衣服过一年这一点显然无法引起人们的共鸣。

于是，这个员工重新构思，决定以“不……的衣服”的形式修改了这一概念，提出了两个方案：“不需要更换的衣服”与“不受季节限制的衣服”。

“不需要更换的衣服”明确表达了产品可以消除人们定期整理换季衣服的烦恼。不仅如此，当我们不需要按季更换衣服时，也就不需要拥有太多衣服了。此概念与简单生活相呼应，并实际解决了衣服难以整理的问题，更能引起顾客的共鸣。而“不受季节限制的衣服”的目标群体并非普通消费者，而是服装品牌。通常，服装店会根据季节变化替换店内的商品，一些当季不畅销的衣服会降价销售，而最终没有卖掉的衣服会被送到折扣店售卖。但如果是“不受季节限制的衣服”，就可以全年在店里展示，这意味着这种衣服不仅具有全年可穿的性能，还具有可持续性，符合当前的时代价值。通过关注“不”字，以上 2 个概念使顾客价值变得更加清晰。

你可以试着思考自己的产品解决了哪些“不”的问题，找到能够引起人们共鸣的痛点。

第 4 种：隐喻法，像 A 一样的 B

隐喻法是指用每个人都能理解的事物打比方，以明确要传达的新事物。隐喻法也是一种常见的修辞手法，不仅限于概念，它还经常出现在人们的日常对话中（见图 5-6）。

· 一是每个人都能理解
· 二是能给每个人都留下美好的印象
· 若不同时满足以上 2 个条件，隐喻就没有意义

图 5-6　隐喻法

像葡萄酒一样的毛巾

今治毛巾的制造与销售如今由池内有机公司负责。这种毛巾要用到的有机棉存在品质不稳定的缺点，产量也忽高忽低，在通常情况下不适用于大规模的工业生产。为了逆转困境，使有机棉品质逐年提升，池内有机创造了“像葡萄酒一样令人沉醉的毛巾”（Cotton Nouveau）这一概念。

与之类似的表达包括“悦享与众不同的毛巾”“具有全新触感的毛巾”等，但这些表达并不利于顾客理解。而“像葡萄酒一样”的比喻会让人联想到有机毛巾既是工业产品，也是农产品，就好像博若莱新酒一样，每年都会有变化，消费者可尽情享受。与此同时，让人联想到葡萄酒的细节设计以及“Cotton Nouveau”这一核心命名也发挥了作用，通过隐喻，池内有机将葡萄酒的文化形象移植到了毛巾产品上。

商业模式因隐喻而进化

高级香水品牌馥马尔提出的“香水出版社”这一概念是与众不同的。在通常情况下，设计香水的调香师在品牌中处于次要位置，而馥马尔以作家和出版社的关系为隐喻，转变了调香师与品牌的关系。馥马尔消除了营销战略、时间、原料、成本等一切限制，为调香师提供了完全自由的创作空间，品牌则彻底执行“编辑”的职责，协助调香师完成工作。馥马尔的香水瓶就像是一本书一样，瓶身上印着调香师的名字，这个举措在行业内实属罕见。随着香水市场不断进化，其他香水公司都在开发迎合大众品位的香水，但馥马尔却以作家为切入点投石问路，给业界带来了巨大冲击。

被誉为廉价航空公司鼻祖的美国西南航空公司的企业概念是“空中巴士”，该公司采用的航空枢纽与辐射线路系统，能使多条航线在航空枢纽实现联乘，直达航班在各中型机场间往返飞行，就像是公交车一样，而航空公司也不需要提供过多的服务。公司千方百计降低成本，使机票票价与长途汽车的价格不相上下，可以看出，美国西南航空公司完全对照公交车的经营方式设计了商业模板。

拟人化也被视为一种隐喻。三得利以“上班族的伙伴”为概念开发了罐装咖啡BOSS，可以看出，在内容和功能上很难体现出差异的商品类别中，为增强自家产品的存在感，采用拟人化的方法创造概念不失为一种有效的手段；乐天的企业口号“口中的恋人”同样采用了拟人化的手法；无印良品“适合身体的沙发”成为畅销品的契机就在于有人在网上评论它是“懒人沙发”，这也是一种拟人化的表达方式，即沙发本身具有了某种人格，可以让人变得懒惰。

你可以用其他事物做喻体来描述你想创造的新事物的形象。喻体与本体的差距越大，你提出的新概念就越有力。

第5种：反转法，颠覆A成为B

反转法是一种通过颠覆常识性的认识来描述新常识的方法。与“不”的消除法不同，反转法不必基于负面内容产生；相反，它也可以颠覆传统意义上好的思维方式，以凸显隐藏在阴影下的新价值（见图 5-7）。

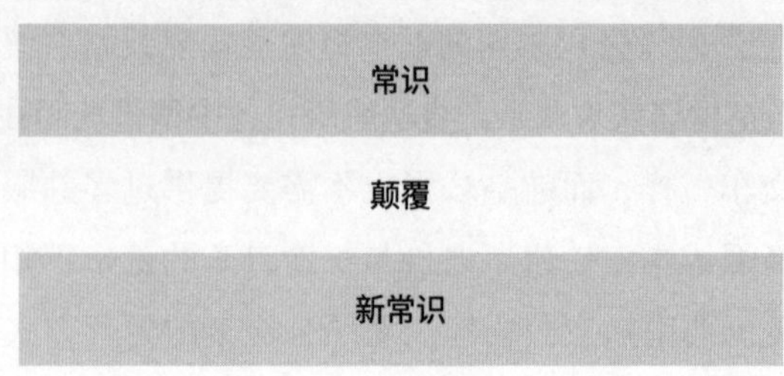

· 与“不”的消除法不同，反转法不必基于负面内容产生
· 就像华歌尔“让胸部看起来很小的文胸”那样，通过反转创造新的价值

图 5-7　反转法

看起来大还是看起来小

华歌尔在 2010 年 4 月推出的“让胸部看起来很小的文胸”就是一个运用反转法创造概念的经典例子。当时，各大内衣品牌纷纷针对让胸部看起来更大的文胸设计展开激烈竞争，因为根据市场调查，超过 90% 的消费者希望自己的胸部会看起来很大。但华歌尔反其道而行之，为余下 10% 的目标群体开发了胸部看起来很小的文胸，结果取得了巨大成功。其实，胸部丰满的女性也有一些说不出口的真实需求，如希望自己在穿上外套后身体线条看起来更修长，希望衬衫纽扣处不会显得紧绷等。可以说，让胸部看起来很小的文胸不仅是逆向思维下的产物，也为受常识桎梏的广大女性带来了福音。

2000 年，被任命为迪奥桀傲创意总监的艾迪·斯理曼（Hedi

Slimane）设计了一款“让男人看起来更纤细的西装”。在通常情况下，男士西装应该让男士看起来更加大气板正，散发荷尔蒙气息，因此会设计垫肩等部分，这也导致斯理曼的设计在当时引发了不小的争议。然而，对男子气概的不同态度在性别价值观多元化的时代已逐渐被人接受，更成为了紧身裤等重要潮流趋势的源头。

为需要的人设计眼镜还是为不需要的人设计眼镜

关注商品的使用主体和用途是商品开发的根本常识，但也有一些品牌勇于颠覆这一常识。在日本，约 6 000 万人需要接受视力矫正，面对如此庞大的需求，人们一般的解决办法是让这些人佩戴眼镜。然而，睛姿（JINS）却将目光投向了另一种群体，以“视力良好的人同样需要眼镜”为开发概念设计了 JINS PC，这一产品能够有效隔离智能手机和电脑等数字显示屏发出的蓝光。这种不合常理的想法，如今已发展成眼镜行业的共识。

越老越便宜还是越老越昂贵

房屋越老越不值钱，这是房地产行业的常识，但是谁也没有想到，一幢建于 30 年前的中古公寓竟然比同一地段、同等面积的新公寓价格还高。颠覆房地产行业常识，实现了房子越老越值钱这个现象的正是“复古公寓”这一概念，它的关键在于提出“中古”的反义词不是“新居”，而是“复古”。在服装、餐具和家具等品类中，与中古相反的，且随着时间推移价值会不断提升的东西，人们会称之为复古品或古董。以上案例表明，反转法的关键不在于一味寻找对立的词汇，而在于挖掘对立的价值。

你可以寻找一下自身所在行业、产品或服务的常识，再去思考通过颠覆这些常识，你能否找到新的价值。

第6种：矛盾法，明明是A，却是B；A和B

像“小个子巨人”“雄辩的沉默”这样的将互为矛盾的2个概念结合在一起的概念用到的就是矛盾法。矛盾法的语法结构为“明明是A，却是B”，将通常用英语中Or（或）连接的2个概念，改用And（和）连接（见图5-8）。

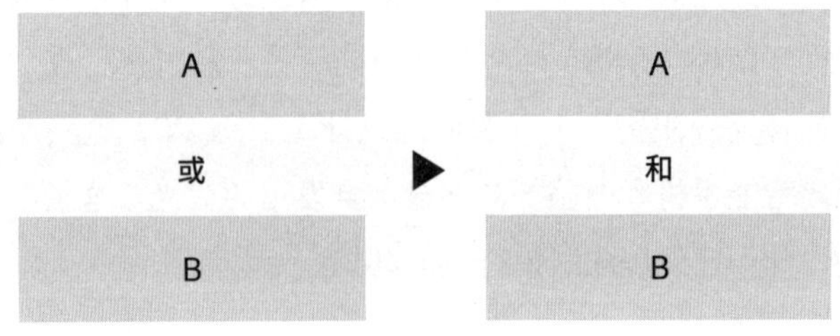

· A和B就像水和油互不相容

图5-8 矛盾法

例如，英语口语培训学校NOVA从“明明就站在车站前，却像是在留学”的教学效果出发，创造了“站前留学”的企业概念。这是将A或B打造成A和B形式的典型案例。

是杀人悬疑还是爱情喜剧

在文艺作品中，人们通常将悬疑故事与爱情喜剧视为截然不同的类型。悬疑剧题材严肃，引人猜想，充满神秘感和紧张气氛；而爱情题材明朗轻快，让人感伤，又令人心动，可以说，二者在故事创作和气氛营造方式上大相径庭。但青山刚昌的漫画作品《名侦探柯南》化解了这种矛盾，在杀人案件的基础上加入了轻松搞笑的恋爱元素，创造了一种全新的题材。即便主线是解开杀人事件的谜团，作者仍不忘融入角色新一和兰之间的恋爱情节，这种迅速改变故事基调的方式在漫画和动画中比较常见。

那份难以置信的感觉也迅速变为常识

AKB48 虽然看上去是遥不可及的偶像团体，但只要你去秋叶原，就能见到她们，因此，以“能见到面的偶像”为概念，AKB48 开始崭露头角。“无印良品”（没有名字的优良商品）的名字本身是矛盾的，在“制作质量上乘、价格昂贵的名牌商品”和“价格低廉、质量低下的非名牌商品”之间，无印良品并没有做出选择，而是直接通过品牌名称展示了自己的决心，即打造非名牌但质量上乘的产品。

便便练习册之所以能在日本教辅领域异军突起，主要在于它在形式刻板的练习册中出人意料地加入了便便元素，将形象上截然相反的词汇组合在了一起。深受儿童喜爱的绘本“屁屁侦探”同样采用了这种手法，兼具智慧与勇气、受人敬仰的侦探居然是一个整天放屁的屁屁人，这种设定对儿童来说十分具有吸引力。

GU 基于独特的缓冲技术制作的棉花糖高跟鞋使那些让人感到痛苦的高跟鞋变得更加舒适。其中，“可奔跑的高跟鞋”这一开发理念，以及将高跟鞋与棉花糖联系在一起的命名方式，全都用到了矛盾法。

在年销量达到 1 万件就算成功的西服市场，青木（AOKI）在 2020 年推出的睡衣西服竟在一年内卖出了 5 万件。睡衣西装系列兼具西装的外观和睡衣般的质感，在远程办公不断普及的当下，这一概念正逐渐成为社会常识。

明明是 A，却是 B。你也可以尝试将两个相互矛盾的概念结合在一起，创造一个新颖的、令人印象深刻的表达。随着时间的推移，那些曾经令人难以置信的组合很有可能在未来成为常识。

第 7 种：大众化，向大众开放……

大众化就是指将特别之人才能拥有的东西向大众开放。在数字经济时代，大众化已成为一个尤为有效的概念创造模板（见图 5-9）。

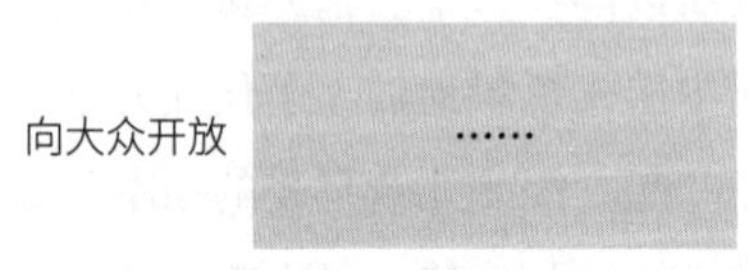

图 5-9　大众化

将特别的东西变成大众的东西

1975 年，微软公司的创始人比尔·盖茨提出了“让每张桌子、每个家庭都有一台电脑”的愿景，他立志让所有人都拥有电脑，由此描绘了一幅理想蓝图：在过去只有少数人才能拥有的电脑将在全世界普及。比尔·盖茨开发的 BASIC 软件让人们学会了编程，而如果没有 Windows 95 和 Windows 98 系统，个人计算机的时代也不会提前到来。

微软实现了商品大众化，苹果则让所有人都拥有了创造力。苹果的品牌特质在于始终坚信创作不是一项工作，而是每个人潜在的精神特质。

此外，耐克的创始人深信每个人都能运动起来，于是将品牌概念设定为“让所有人成为运动员”。这种思考方式同样催生了松下幸之助的“水道哲学”和福特公司的“汽车大众化”的经营理念。

许多提倡大众化的公司最初只是瞄准小众目标市场。例如，微软公司最初的目标群体是被称作极客的计算机用户；耐克的目标群体是一些喜欢远足的长跑爱好者；福特的目标群体是早期汽车驾驶员，这些产品的市场之小众，放到现在简直无法想象。为了扩大业务，这些公司必须不断拓展目标群体。市场扩大战略与大众化的概念高度契合，已成为推动以广告为中心的大众营销和全球化发展的原动力。

在社会包容的时代，“所有人”的含义正在发生变化

在未来，大众化不会单单表示商品的普及，而将带有更为浓重的社会变革的意味。

为响应流行趋势，世界各地有越来越多的企业构建了跨越人种、性别和年龄偏见的概念。例如，蕾哈娜创立的美妆品牌 Fenty Beauty，以“让所有人变美”（Beauty for All）为品牌概念，对传统美容行业的白人至上主义发起了挑战。

在美国，多个种族共存，人们的肤色多种多样。然而，许多大品牌会为白人提供更多的颜色选择，而为黑人和深肤色人种提供的选择极为有限。蕾安娜批判的正是美容行业的这种不平等，她提出的“所有人”将过去被美容行业忽视的人群也包括进来，体现了其平等对待所有人的决心。

此外，传播社会正能量也逐渐成为一种潮流。作为一家全球化的消费品公司，联合利华从 1984 年以来一直在提倡让清洁成为日常，“清洁日常的大众化”也正是联合利华的品牌概念。2019 年，联合利华又将这句话改为“让可持续生活成为日常”，强调了在清洁之外，企业更希望推动人们实践可持续的生活方式。

基于正在从事的事业，你也可以思考一下自己想要推动哪些新的价值观或生活方式。

第 8 种：个性化，给每个人一个相应的……

个性化的思维方式与大众化相对应，当下数字技术的发展已使个性化服务成为可能。试想一下，当你进入商场购物时，所有商品已根据你的喜好被重新摆放，所有货架为了方便你查找被重新布置，还有一名店员伴你左右，他能记住你买过什么并据此推荐商品。这个场景虽然在如今的实体店中无法实现，但在亚马逊等电商平台已变得稀松平常。数据与人工智能的结合以各种各样的形式将过去无法想象的个性化服务变为可能，并且这种趋势还在不断发展（见图 5-10）。

图 5-10 个性化

根据你的需求调整节目表的时代

在过去，人们需要按照电视节目表做好计划，如果你想看星期一晚上 9 点的电视剧，就必须在 9 点之前回到家里；如果你想看场电影，就必须查看电影放映表，结合电影开始的时间计划自己什么时候出发去电影院。但现在，视频流媒体平台奈飞正试图颠覆节目与观众之间的主从关系，它的目标是“为每个人打造专属电视台”。不是由节目表支配你，而是由你来制定节目表，如今这种价值观已逐渐被人所认同。

个性化也是人性化的体现

许多大企业推崇“一刀切”的商业模式，只销售一种通用产品，如此一来，顾客就不得不去适应企业提供的产品模式。而个性化扭转了这一局面，那些始终以顾客为中心的企业正在努力为每一位顾客提供个性化服务。可以说，个性化也是人性化的体现，它强调以人为本。

艾伦·凯的个人计算机是个性化产品的先驱，它不仅使计算机得到普及，还激发了每个人的潜力。在美容行业，针对不同发质和头皮问题的个性化洗发服务与针对不同肌肤类型的个性化护肤品逐渐流行起来；在时尚行业，大、中、小号的尺码概念已成为过去，根据不同身材设计的个性穿搭产品正在强势崛起。身体自爱意识已成为人们推动个性化发展的动力，它强调理想的身材和美好的外表没有唯一的标准，从而鼓励人们去欣赏自己真实的体型和外貌。

在教育领域，一些初创公司通过应用程序制定个性化学习服务，根据每个人对知识的掌握程度制订不同的学习方案；在零售领域，像亚马逊这样的个性化商店正逐渐成为基本业态。

当你将个性化概念引入自己所在的行业时，会发生哪些变化？为了满足每个人的喜好与个性，你能否推出更加人性化的产品？你需要找到答案，并思考具体方案。

第 9 种：微调法，将 2 个组成要素中的一个微调

确切地说，微调法更像是一种思维方法，而非语法结构。如前所述，大多数的创新概念都可以通过现有概念的组合来表达，因此，在运用微调法时，你首先要建立基本的概念组合，然后在此基

础上对构成要素进行微调（见图 5-11）。

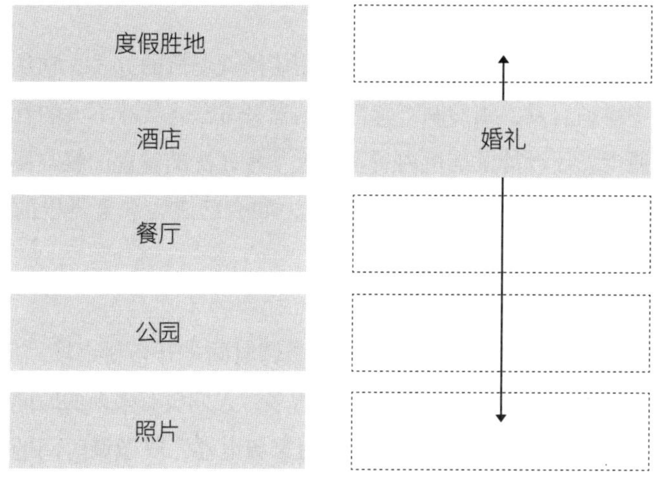

图 5-11 微调法

可能性源于微调

如今，最标准的婚礼形式是酒店婚礼。如果我们想要寻求新的婚礼形式，就需要摘出“婚礼”一词，将其与各种空间形式建立联系，再验证举办相应婚礼的可行性。实际上，一些看似新颖的商业模式，就是通过微调现有商业模式形成的。

自 2000 年起，日本各行各业开始推崇成果主义。由于担心员工压力过大，有的公司设立了“办公室格力高”，在办公室摆上装有小点心的盒子，同时借鉴农产品直营店的模式，建立了消费者自行向收款箱投币的机制。这项简单的服务不仅吸引了女性员工，也吸引了众多男性员工，现已成为格力高的一项支柱产业。从便利店、超市到办公室，通过微调产品销售场所，格力高打开了全新的市场。

羽田机场的“航空便当”也采用了微调场所的方式，它从车站便当中得到启发，用抑制气味散发的烹饪方法将气味不大的食物制作成便当，还设计了与机内餐桌板尺寸相匹配的餐盒。航空便当一经推出便大获成功，并在全国推广，如今已成为乘坐飞机的配套服务。

除微调场所外，你还可以通过微调时间来开拓新市场。例如，在家电领域，随着双职工家庭不断增多，人们没有多余的时间做家务，“早间用家务电器”和“夜间用家务电器”等微调时间的概念便由此诞生。夜间用家务电器需要具备降噪功能，早间用家务电器则需要具备更小巧的外形，体现了设计者根据时间对功能和外形进行的考量。

日本工装专卖店 Workman 在 2018 年成立了 Workman Plus，旨在将目标群体由工人微调为一般家庭的成员，它的概念是制作性价比高的休闲服装。2020 年，Workman 又推出了新业务 #Workwoman，以满足与工人形象极为不同的女性顾客的需求。

100 种微调方法

场所、时间、对象、利益等主题下的常用前缀都可以作为微调的对象，在此我列举了 100 个微调要点（见表 5-1）。我们可以练习用这些前缀修饰酸奶。

表 5-1　100 个微调要点

时间	场所	对象	利益 1	利益 2
夜间的	家庭的	大人的	有益健康的	可以吃的
早间的	学校的	小孩的	能够做自己的	可以玩的
特别日子的	城市的	老年人的	变美的	可以学习的
365 天的	地方的	亲子的	变自信的	可以跑的
春（夏 / 秋 / 冬）天的	日本的	家人的	害人的	可以说的
24 小时的	海外的	无性别限制的	可以放松的	值得被爱的
一瞬间的	大海 / 高山 / 河流的	不受年龄限制的	助眠的	牵涉的
100 年的	图书馆的	从 0 到 100 岁的	增强食欲的	可携带的
幼儿期的	度假村的	通用的	上瘾的	可持续的
青春期的	办公室的	残障人士的	扩展可能性的	可循环的
退休后的	公园的	专业的	高效的	重的 / 轻的
运动前后的	街道的	业余的	不受地点限制的	大的 / 小的
吃饭前后的	体育场的	个人的	不受日期限制的	短时间内可完成的
结婚前后的	农场的	集体的	与人连接的	免费的
正在减肥的	海港的	聪明人的	可分享的	挽救生命的
妊娠期的	产地直达的	挑战者的	去见面的	装饰的
正在学习的	工厂直营的	坚守者的	不会坏的	融入空间的
正在睡觉的	最近的	孤独者的	不会消失的	安全的 / 安心的
休息日的	遥远的	执行者的	不替换也可以的	可以共度一生的
工作日的	宇宙的	精英的	定额制的	成为归宿的

仅凭表 5-1，你就能创造 100 个酸奶概念，当然，其中一些概念是毫无意义的，但也有一些是我们以前没有想到的。以错开时间饮用的“夜间酸奶”为例，虽然人们普遍在早上喝酸奶，但肠道活跃的时间一般是在晚上，因此睡前喝一杯酸奶会让人在第二天醒来后备感轻松，不失为一种明智的选择。同样以夜间为主题，通过微调利益形成的“助眠酸奶”听起来也很有趣，在未来，人们也极有可能设计出这种通过调节肠道帮助人们快速入眠的商品。而“害人的酸奶”背离了酸奶有益健康的形象，会被人联想为一种奢侈的美味。

第 10 种：符号法（将含义转化为符号）

用数值、图形、单词等代替想要表达的内容的语法结构就是符号化。符号化无须长篇大论，用传达含义的最小单位表达即可。符号法能极为有效地帮助你创造出让每个人都能记住并应用的概念。将家和职场之间的休息场所用“第三空间”来表示就是典型的符号化表达。此外，在比较强调法中介绍过的佳得乐的 ON < IN，从字面上看同样属于符号化概念的经典案例（见图 5-12）。

用最少的文字表达会发生的事情

巴黎是世界上为数不多的经贸中心之一，城区人口约为 200 万，而这个被誉为花都的旅游城市，近年来却屡遭空气污染问题的困扰。巴黎的公共交通系统虽然十分发达，但基础设施已经老化，再加上罢工运动频发，导致大多数巴黎居民选择开车上下班。为改变这一现状，安妮·伊达尔戈（Anne Hidalgo）市长在 2020 年 3 月提出了“15 分钟城市”的城市规划概念，旨在让所有居民无须开车，就能在 15 分钟内到达学校、公司、食品店等地。这一城市规划概念的具体计划包括将拥堵的交通路口改建为步行街，将大约 6 万个道路停车位改建为公园和绿地。

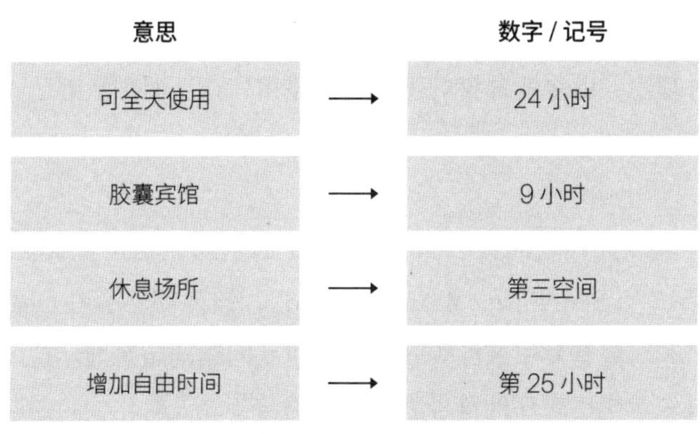

图 5-12　符号化

继巴黎之后，瑞典也提出了“1 分钟城市”的概念，旨在带动市民亲手将距家门口 1 分钟路程内的区域打造成一个理想场所。在如何应用附近空间方面，包括儿童在内的小区居民可以相互讨论，然后使用木质模型将创意展示出来。就这样，瑞典的城市街道上接连出现了游乐场、户外健身房、滑板区、咖啡角等创新区域。

如果未来的汽车能实现全自动驾驶，那么人们的驾驶体验也将发生巨大改变，而德国汽车公司奥迪就通过“第 25 小时”的概念研究了人在车内的行为。据说在一些国家和地区，人们每天要在车上度过 1 小时以上的时间，而自动驾驶可以使人从用方向盘开车的行为中解脱出来，这相当于每天多出了 1 小时。奥迪对车内驾驶体验和“第 25 小时”的思考，也许能够改变人在车内的行为方式。

“9 小时胶囊旅馆”（9 Hours Capsule Hotel）的概念让胶囊旅馆有了进一步发展，这个命名本身也堪称绝佳。它将人们在城市住宿所需的行为要素分解为洗澡 1 小时、睡觉 7 小时、准备 1 小时，因而人们只需 9 小时就能养足精神。“9 小时胶囊旅馆”明确地表达了一种理念，即企业销售的不是胶囊旅馆住宿，而是最舒适、最合理的住宿时间。

美国极具人气的美妆品牌 Glossier 的企业概念是“肌肤第一，化妆第二”（Skin First，Makeup Second），该品牌不会在产品中加入酒精和对羟基苯甲酸酯等容易引起肌肤问题的防腐剂。这个概念是一种表示先后顺序的符号表达，因为与年轻人对化妆品的期望相吻合，所以引发了目标群体的共鸣。

你可以思考一下自己将想要表达的内容删减到极致，再用数字、符号、单词等加以替换后，会得出什么样的概念。

写完概念后进行 3 次测试和一周测试

写出概念之后，你还需要进行 3 次测试，它的做法很简单，即背诵 3 遍概念。如果你从一开始就记不住概念具体的表述，那就说明这个概念可能太长或太复杂了。如果你中途卡顿、表述不顺畅，那就说明概念的用词可能有问题。你可以复述概念，直到自己满意为止，从而找到合适的字数和措辞。

另外，如果时间充足，我们还可以进行一周测试。具体做法为将多个概念候选方案保存一周，在一周后，我们要回想自己最先想到的概念是什么，想到的概念内容是否有遗漏。因为我们将来会长时间用到这个概念，所以最好在一定时间内确认我们对它是否印象深刻。

第 5 章最后的小练习可以帮助你检查自己是否熟练掌握了 10 个语法结构。

爱彼迎

从语法结构上看，爱彼迎“让世界上的每个地方都成为你的家”这一概念对应的是“由 A 变成 B”的变革叙述法。那你能用其他语法结构来表达同样的意思吗？请按照以下 7 种语法结构改写爱彼迎的概念。

比较强调法：与 A 相比，B 更加……不是 A，而是 B
“不”的消除法：不需要 A 的 B
隐喻法：像 A 一样的 B
反转法：颠覆 A，成为 B
矛盾法：明明是 A，却是 B；A 和 B
大众化：向大众开放……
个性化：给每个人一个相应的……

解　说

有些语法结构很容易改写，但也有些语法结构让人难以下笔。如果你觉得运用某种语法结构写起概念来很困难，那或许是因为你还没有形成相关的思维方式，而你可以以此为契机，扩充自己的技能。

本次练习将滑动法和符号法排除在外，其中滑动法可以帮助我们创造新概念，但是它不适用于改写已经成形的概念。此外，爱彼迎公司的名称 airbed&breakfast 已经体现了符号法这一语法结构，这个名称仅用 2 个单词就形象地展现了整个服务流程：为您在世界各地的房间中提供气垫床，同时提供早餐。

以上 7 种语法结构的概念示例如下：

比较强调法

为了遵循比较强调法“不是 A，而是 B”的语法结构，你要先思考被否定的 A 是什么。爱彼迎提供的不是旅行团或一般住宿设施会提供的普通旅行体验，其核心用户也不希望自己被当地人看作游客，他们希望自己能真正融入当地生活，成为那里的一分子。

当你确定被否定的 A 之后，接下来就要找到与之对应的 B。如果要否定传统意义上的旅行，你可以用“体验生活而不是旅行”来表达；如果要否定传统意义上的游客，你可以强调游客与房东社区的关系，采用“成为他人的朋友而不是当地的游客”的表达方式。生活大于旅行，朋友大于游客，这两种对比会使概念的含义更加清晰。

“不”的消除法

爱彼迎试图解决的旅行问题包括“用户被当成外来游客看待”“用户感觉自己离这个城市的真实生活很远”等。如果将爱彼迎的解决方法转化为语言，那么我们可以得出“打造用户不被当成外来游客的旅行”“打造不与城市真实生活脱离的体验”等概念。

隐喻法

对于人们住在当地人家中所获得的体验，可以简单地用一句“像在家里一样的旅行”来表达。虽然我们也可以采用其他表达方式，如“像在世界各地的家庭里寄宿”“像共享汽车那样共享房间”，但是这些表述不够直观，不是有效的隐喻。

反转法

我们可以运用反转法颠覆传统旅行的常识，并找到新的价值。例如，着眼于人们参考导游指南旅行的常识，我们可以得出“无须导游指南的旅行”这一概念，进而将住在当地人家里的优点传达出来。如今，越来越多的人通过社交网络发现旅游景点并前往相应地点“打卡”，就好像在核实情况一样，如果我们颠覆这一主流，设计出“并非以打卡为终点的旅行”这一概念，就会与当下不存在冒险的旅行方式形成对立。

矛盾法

矛盾法通过“明明是 A，却是 B”这种互相对立的语言组合来体现概念，以爱彼迎为例，可以先得出“明明是旅行，却更像是去移居”“明明是旅行，却感觉像是搬家”等思考，然后将两个关键词结合起来，构建

“移居旅行”“搬家旅行”这样的概念。虽然用词略显生硬，但它们能给人留下出行既是住宿，也是旅行的印象，让人认识到这是通过爱彼迎才能感受到的独一无二的体验。

大众化

我们可以思考一下爱彼迎能将什么向大众开放。例如，过去只有大使或外交官等少数人才能在世界范围内交到朋友，但现在，无论是谁走到哪一个城市，都会有人前来迎接。而你可以用“让所有人与世界相连”来表达这种现象。

个性化

接下来，让我们思考通过爱彼迎，自己能够得到哪些独一无二的体验。从选择房间开始，你的旅行就已显现出与众不同的风格，因此你可以提出“每个人专属的旅行故事”这一概念。

回答示例

比较强调法：成为他人的朋友而不是当地的游客。

“不”的消除法：打造用户不被当成外来游客的旅行。

隐喻法：像在家里一样的旅行。

反转法：无须导游指南的旅行。

矛盾法： 移居旅行；搬家旅行。

大众化： 让所有人与世界相连。

个性化： 每个人专属的旅行故事。

通过运用基本语法结构，我们能够拓宽概念的表达方式，但这些语法结构只是为你提供了一种思考的线索。你需要自由地去探索更多让人印象深刻的，并能准确传达出意义的概念。

☑ **整理 ⟶ 删减 ⟶ 打磨**

☑ **整理含义，运用 3 点整理法**

- 使用顾客、目的和作用 3 个要点整理含义。
- 使用“A 为了实现 B 承担 C 的作用”这一句子结构来总结。A 为主语，B 为动词，C 为名词。

☑ **删减信息，选择“目的”或“作用”**

- 在用 3 点整理法汇总的文章中，能够创造新含义的出发点是目的还是角色?
- 概念的关键短语基本上可以分为目的型和作用型 2 种形式。

☑ **打磨文字，运用 2 个单词原则**

- 所有事物都可以通过 2 个单词的组合来表达。
- 例：Pocketable Radio、Third Place、Radical Transparency。
- 以 2 个单词为中心，酌情使用助词来把控语感。
- 在选择词汇方面，可以运用联想法、偶然法和同义词法。

☑ **灵活运用 10 种语法结构**

- 变革叙述法：从 A 到 B。
- 比较强调法：与 A 相比，B 更加……不是 A，而是 B。
- “不”的消除法：不需要 A 的 B。
- 隐喻法：像 A 一样的 B。
- 反转法：颠覆 A 成为 B。

- 矛盾法：明明是 A，却是 B；A 和 B。
- 大众化：向大众开放……
- 个性化：给每个人一个相应的……
- 微调法：将 2 个组成要素中的一个微调。
- 符号法：将含义转化为符号。

コンセプトの教科書
あたらしい価値のつくりかた

第6章

实现概念最优化

我们对生活和社会的
设想可能会被人嘲笑为妄想，
可一旦你将它转化为
具有说服力的故事或一行短语，
以概念命名的设计图纸
就有可能变成现实。

コンセプトの教科書

本书最后一章将介绍在不同的商业场景中优化概念时会用到的模型。为了给尽可能多的人提供帮助，我选择了 3 个典型的商业场景。

首先是产品开发。尽管各公司制作的企划书在细节上有所不同，但需要遵循的基本要素是相通的。有一种框架可以帮助你将复杂的概念整理成一张幻灯片，再将其应用到商品开发中。

其次是市场营销。在市场营销中，概念不仅是价值的设计图，还充当着样品的角色，可以用来检验商品是否受顾客欢迎。这样的概念以顾客的阅读和评价为前提，因此整理成一段文字会更有效果。

最后是构建规范组织行为价值观的方法。为了方便公司所有员工理解与记忆，我们需要用简洁的文字编写几个简单的句子。

虽然本章引入了新的框架，但我们的基本思维方式仍然要遵循前文讲过的内容，因此，在这一章中我们不仅会认识新的学习方法，还能重温前几章的内容，巩固基础知识。

产品开发的概念最优化

如何用一张概念表介绍产品

各个公司的企划书在风格上是不同的，有的企划书会详细记录产品的功能和规格，有的企划书则会追加对用户体验的记录，做成类似剧本的形式。有的团队喜欢用小字填满整张幻灯片，有的团队则推崇用草图勾勒出直观的形象。无论你所在公司的企划书属于哪一类，在开发产品时，企业总是会遵循一些基本要素，而能够将这些要素整理在一张纸上，就是如图 6-1 所示的概念表，其中，“形象”一行空间较大，可用于绘制草图（见图 6-2）。

在概念表中，我们要从上到下依次填写目标、洞察、概念、形象、好处和事实等内容。实际上，此概念表的框架就是参照第 3 章的洞察型故事结构设计而成的。

但与填充 4C 框架的洞察型故事结构不同，此概念表明确列出好处与事实（如技术、工艺、原材料），并且可以在表中填写多项相关内容。我们在设计故事时，最明智的做法就是提取一个与概念相关的最重要的好处，而到了开发阶段，我们还需要完整列出支撑概念的次要好处，以及实现这些好处的事实。另外，与概念没有直接关系，但需要将工程师应该配合或涉及其他部门的功能和要素汇总在其他一栏中。

目标	洞察
概念	
形象	
主要好处	技术、工艺、原材料等事实
次要好处	技术、工艺、原材料等事实
次要好处	技术、工艺、原材料等事实
次要好处	技术、工艺、原材料等事实
其他	

图 6-1 概念表模板

图 6-2　“形象”行草图示例

（左）图片来源：Alan Kay, A Personal Computer for Children of All Ages [picture of two kids sitting in the grass with Dynabooks]© Alan Kay
（右）图片来源：https://www.city.asahikawa.hokkaido.jp/asahiyamazoo/2200/p008762.html

在图 6-2 中，左图是一张个人电脑的草图，原图出现在 1972 年艾伦·凯的一篇论文中，图中的儿童坐在草地上像玩游戏一样享受着用个人电脑读写的乐趣，从而展现了完全不同的可爱形象，与商务人士在办公室用着笨重的巨型机器这一场景有着天壤之别。

右图是一张动物园的草图，原图取自北海道旭川市的旭山动物园在网站上公开发布的 14 张草图。20 世纪 90 年代，由于游客数量急剧下降，日本旭山动物园陷入了几近倒闭的境地。为此，动物园的饲养员们通宵达旦地讨论动物园的理想形式，而在此期间诞生的想法被后来成为绘本作家的安倍弘士记录在了动物园日历和宣传单的背面。该草图描绘了动物园生机勃勃的景象，并催生了“行动展示”这一概念，旭山动物园由此成为世界知名的景点，每年吸引了各地的游客前来游玩。

这两张草图都改变了历史，它们都是以人为中心绘制而成的。

概念表上的草图应该是团队所追求的，并能够与顾客共享的终极形象，因此要体现的是顾客视角下的理想体验，而非产品规格的详细信息。

在撰写内容繁杂的企划书之前，你可以先做一张概念表，一旦确立了贯穿整体的故事和概念，即便之后需要添加大量的细节信息，你也能够如期完成企划书，且不偏离主题。

概念表的实践：智能健身镜的开发概念

下面，让我们通过实践掌握填写概念表的方法。本次以智能健身镜，即能够联网的镜子为例，细节上的设定如下所示：

- **企业：**Perfect Body（虚构的企业）。
- **商品：**Perfect Mirror（虚构的商品）。
- **商品概要：**能够联网的健身镜，也被称作智能健身镜。镜子中嵌有显示屏，使用者可以一边观看健身视频，一边通过镜子矫正自己的动作。
- **目标：**30 岁以上的城市双职工家庭。

我们首先要根据商品概要创造概念。由 4C 框架构成的智能健身镜的洞察型故事如图 6-3 所示。

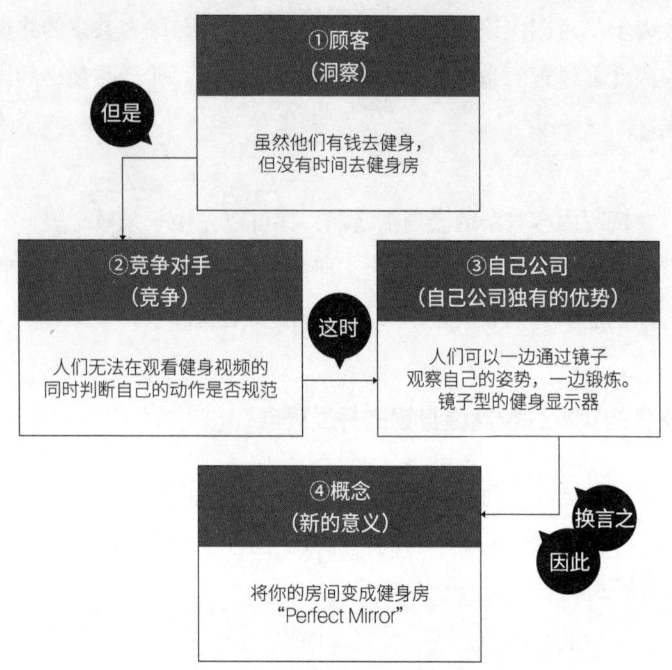

图 6-3　智能健身镜的洞察型故事

首先是顾客。“30 岁以上的城市双职工家庭”这类目标群体有一个普遍特征，那就是他们的健康意识和可支配收入均高于平均水平，他们有钱去健身，但没有富余的时间，因为夫妇二人要共同分担家务，还要照顾孩子。对此，我们可以将洞察写为“虽然他们有钱去健身，但没有时间去健身房”。

其次是竞争对手。我们第一个想到的直接竞争对手或许是人们为了在家锻炼而购置的跑步机或卧推板。然而，在空间有限的房间内摆放大型器械十分困难，且容易发生儿童碰撞受伤的事故。

其实，更值得比较的竞争对手是视频网站上的健身视频。如今，只要有智能手机，我们就可以随时锻炼，而且还是免费的，但是视频也有自己的缺点，那就是我们无法在同时检查自己的动作是否规范。以错误的姿势锻炼会产生不好的效果，况且一个人很难坚持锻炼下去。

顾客和竞争对手的弱点一旦被识破，我们就会找到自己公司的优势。如果推出镜子型的健身显示屏，人们就可以一边通过镜子观察自己的姿势，一边锻炼。由此我们可以将贯穿整体的概念描述成“将你的房间变成健身房”，这一概念表明了健身镜子不仅是一种健身器材，还会让人们有一种置身于健身房的感觉。如此一来，故事的基本结构就完成了。

为了进一步与工程师或上司沟通，进而将概念与开发工程有效地结合起来，我们准备了概念表，如图 6-4 所示。

基础三件套：洞察、概念和好处

首先，你需要把洞察和概念直接写进概念表里。其次，在最关键的第一个好处里写上“人们可以一边通过镜子观察自己的姿势，一边锻炼”。作为技术支持，你可以在事实里写上“镜子型显示屏”；而作为工艺规格，你可以在事实里再加上“既有镜子的功能，又能投射清晰影像”。

目标	**洞察**
30 岁以上的 城市双职工家庭	他们有钱去健身， 但没有时间去健身房

概念

将你的房间变成健身房

形象

主要好处	**技术、工艺、原材料等事实**
人们可以一边通过镜子观察 自己的姿势，一边锻炼	镜子型显示屏 既有镜子的功能，又能投射清晰的影像
次要好处	**技术、工艺、原材料等事实**
次要好处	**技术、工艺、原材料等事实**
次要好处	**技术、工艺、原材料等事实**

其他

图 6-4　Perfect Mirror 概念表（一）

以上是我们用4C框架能想到的内容。为了将这一概念具象化，你还需要进一步发挥想象力，思考为了将你的房间变成健身房，还需要做哪些事情。

次要好处1

人们是无法只靠硬件就在家里重现健身房的环境的。健身房有精通健身理论的教练，还有各种健身课程。因此，我们是否可以将产品的第一个次要好处设定成“量身定制的24小时套餐”。接下来，你要记录自己具体需要做的事情，以实现这一好处，如“与全球500位顶级教练签约，提供1万种课程”，课程时长不等，最短5分钟、最长1小时，且形式多样，用户可以随时按需学习。如此一来，用户就可以充分利用一天内的空闲时间进行锻炼。

次要好处2

有些人会对看视频感到厌倦，为此我们设定第二个次要好处：“能够在家里订阅个性化课程。”实现这一好处的关键技术在于在产品上安装能拍下用户与教练动作的摄像头。此外，安装一个能够评估用户动作和姿势的软件，将更有利于教练进行远程指导。

次要好处3

我们还需要建立一个人们在健身房才会组建的“互相鼓励的用户群”。与参加相同课程的伙伴相识、交流、比拼健身进程，有助于激发用户持续健身的动力。由此，我们可以将第三个次要好处的关键技术写为“安装移动 App，提供社交功能”。

其他

除此之外，我们还可以与音乐流媒体服务网站合作，开发 App，让用户在锻炼身体的同时享受音乐。我们还可以建立奖励机制，保留健身记录，对达成目标的用户给予相应的奖励。另外，销售镜子专用的清洁用品也应该被纳入考虑中。我们需要将这些重要的细节填进“其他”一栏中，即便它们与概念的联系不太紧密。

在“形象”一栏里，我们需要描绘出一个画面：用户一边与教练面对面，一边用镜子观察自己的姿势。这个画面以人为中心展示了将房间变成健身房的情景。

通过扩充由 4C 框架构成的基本故事，我们完成了有关 Perfect Mirror 的具体设想并顺利展现了出来，具体如图 6-5 所示。

目标	洞察
居住在城市且家庭成员 在 30 岁以上的双职工家庭	有钱去健身， 但没有时间去健身房

概念
将你的房间变成健身房

形象

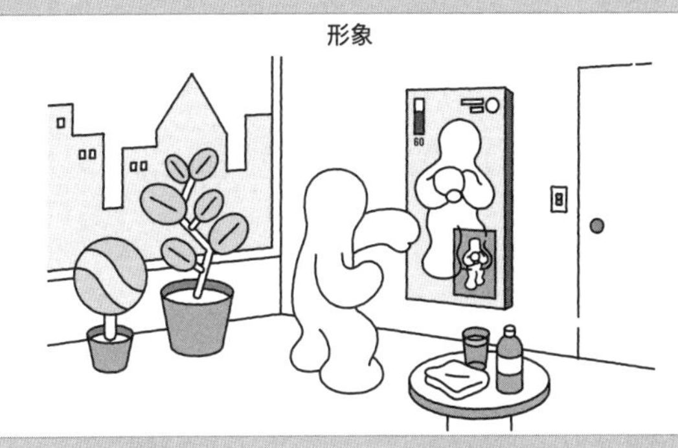

主要好处	技术、工艺、原材料等事实
人们可以一边通过镜子观察 自己的姿势，一边锻炼	镜子型显示屏 既有镜子的功能，又能投射清晰的影像
次要好处	**技术、工艺、原材料等事实**
量身定制的 24 小时套餐	与全球 500 位顶级教练签约， 提供 1 万种课程
次要好处	**技术、工艺、原材料等事实**
能够在家里订阅个性化课程	能够评估用户动作和姿势的软件
次要好处	**技术、工艺、原材料等事实**
互相鼓励的用户群	安装移动 App，提供社交功能

其他
· 与音乐流媒体服务网站合作 · 保留健身记录，在用户达成目标后给予奖励 · 销售镜子专用的清洁用品

图 6-5 Perfect Mirror 概念表（二）

概念创造练习

让我们先进行一个小练习。本次我选择了一个虚构的吸尘器品牌 Airies，请你以开发者的评价及用户对竞争产品 Z 的评价为线索，填写 Airies 的概念表。

Airies 吸尘器

线索 1：Airies 开发者评价

新款 Airies 吸尘器的最大卖点在于采用了能够降低清扫噪声的“低噪安静动力系统”，通过专利技术可将清扫噪声控制在 40 分贝以下，因而它也是目前日本最“安静”的吸尘器产品。吸尘器的空气真空系统配备了每分钟 10 万转速的小型电机，可以保证吸净尘土，有实验表明其吸尘率高达 99%，这也意味着用过 Airies 后，地面上几乎不会有任何尘土或垃圾。另外，吸尘器底部配有可 360 度旋转的平滑滚轮，十分便于操作。这一设计对于有孩子的家庭，尤其是双职工家庭来说非常实用。

线索 2：竞争产品的用户调研

男性用户：3 年来我一直在使用某公司的产品 Z，它以超强吸力著称，我对此十分满意。因为小孩子会在地板上爬来爬去，还会把地上的东西放进嘴里，所以我不想让家中有灰尘残留。

女性用户 1：我家正在使用某公司的产品 Z，家里主要是我丈夫负责打扫地面。虽然使用吸尘器很方便，但是我时常因为老公的疏忽而生气，如孩子还在睡觉，他就打开吸尘器把孩子吵醒了；又如我正在家里参加远程会议，结果他把吸尘器开到最大声开始打扫。更换后的吸尘器能解决噪声问题吗？

女性用户 2：我使用的某公司的产品 Z 是具有超强吸力的吸尘器，我很满意。因为我们夫妻二人都需要工作，所以不可能每天打扫房间，所以我们希望吸尘器能一次性彻底将房间打扫干净。要说缺点的话，那就是这款吸尘器对我来说太重了……我用它打扫一会儿就体力不支了，如果能用一只手轻松驾驭吸尘器就好了。

线索 3：洞察和概念

根据以上 2 个线索，你可以得出以下洞察和概念，并据此填写概念表（见图 6-6）。

- 目标：有孩子的双职工家庭。
- 洞察：他们需要产品具备超强的吸力，但不喜欢噪声。
- 概念：让人仿佛身处图书馆般的运行声。

目标	洞察
有孩子的双职工家庭	他们需要产品具备超强的吸力，但不喜欢噪声

概念
让人仿佛身处图书馆般的运行声

形象

主要好处	技术、工艺、原材料等事实

次要好处	技术、工艺、原材料等事实

次要好处	技术、工艺、原材料等事实

其他

图 6-6　Airies 概念表（一）

关于该练习的解释

通过小练习，我们应学会提取和整理出对应概念的好处和事实。

既然新款 Airies 的概念是“仿佛身处图书馆般安静的运行声音”，那么第一个好处就可以围绕安静进行表述。通过用户调研我们得知，吸尘器给家庭成员带来的最大困扰是机器噪声容易吵醒孩子，因此，对目标群体而言，不会吵醒熟睡的婴儿这一产品好处最有可能让他们感到欣慰。此外，我们还可以提出“不会妨碍居家工作”“不会妨碍家人工作”等好处。支持这种好处的事实是低噪安静动力系统，通过专利技术将噪声控制在 40 分贝以下，而 40 分贝恰好是图书馆所能允许的最大噪声值。

我们会选择“能让婴儿在地板上安心爬行”作为第二个好处。在现在的家庭中，夫妻二人都很忙碌，没有时间经常打扫房间，所以，他们在每次打扫时都希望能彻底清除垃圾。对此，作为技术支持，产品采用了空气真空系统，为 Airies 配备了每分钟 10 万转速的小型电机，可以轻松吸走垃圾。

第三个好处是“单手便能轻松操作”。这是由 360 度旋转的平滑滚轮带来的好处。

另外，“形象”一栏可以展现出人在熟睡的婴儿旁使用吸尘器的画面，表明夫妇二人可以利用工作间隙，在孩子睡觉的时候打扫房间。这个画面捕捉了只有 Airies 吸尘器才能实现的温馨瞬间。

目标	洞察
有孩子的双职工家庭	他们需要产品具备超强的吸力，但不喜欢噪声

概念

让人仿佛身处图书馆般的运行声

形象

主要好处	技术、工艺、原材料等事实
不会吵醒熟睡的婴儿	低噪安静动力系统； 通过专利技术将噪声控制在 40 分贝以下

次要好处	技术、工艺、原材料等事实
能让婴儿在地板上安心爬行	空气真空系统 用 10 万转速的小型电机吸走垃圾 吸尘率高达 99%

次要好处	技术、工艺、原材料等事实
单手便能轻松操作	搭配 360 度旋转的平滑滚轮 提高可移动性，便于转换清洁方向

其他

图 6-7　Airies 概念表（二）

概念创造练习

在这个小练习中，我们需要思考一款新酸奶产品的概念。下文引自产品开发负责人整理的产品说明，从中可以看出他尚未对开发内容进行结构性处理。你可以用概念表来整理你从文中得到的信息。

“奶油之夜”酸奶

全新酸奶“奶油之夜”：产品开发负责人的说明

我们在新品“奶油之夜”中加入了苹果、橙子、草莓等大量水果，使产品口感更为丰富。此外，我们采用特殊制作工艺，使其口味如卡仕达酱一般。我们还使用低脂牛奶，将产品糖分降至最低，在保持口感的同时极力控制卡路里含量。我们对产品质量的要求极高，并将价格定为 300 日元以上。

新品酸奶的目标群体是 25 ～ 40 岁的职业女性。根据我们进行的独家调查可知，越是忙碌的女性越希望在结束一天的工作后奖励一下自己，但同时她们又十分重视健康，对夜晚吃甜品深感不安，这也成为我们开发该新品的契机。虽然市场上已经有了许多零卡路里甜点，但有很多消费者抱怨这些甜点口感不够丰富，无法激发自己的食欲。

此外，根据我们进行的研发实验可知，夜间饮用酸奶有利于清晨通便，我们生产的酸奶中包含特殊乳酸菌，可以帮助睡眠中的人们调节肠道。我们将在近期公布这款新品酸奶的详细数据。

基于以上信息，我们将奶油之夜的概念定义为“夜间酸奶，让清晨的我们焕然一新”。肠道环境的改善既有利于美容养颜，也有助于深度睡眠。

关于该练习的解释

概念表不仅可以帮助我们从零开始创造概念，还可以帮助我们整理基本成型的创意或策划内容。在这次练习中，我们要将开发负责人提到的信息填入概念表。

首先，我们要找到目标群体、洞察和概念，它们在文章中并未被集中呈现，但我们能够发现，新品酸奶的目标群体是“25～40 岁的职业女性”。而关于洞察的描述有两处：一处是“在结束一天的工作后奖励一下自己”；另一处是“她们对夜晚吃甜品深感不安”，女性会感到不安是因为她们重视健康，在意食品卡路里的含量。根据上述内容，我们可以将洞察归结为“她们希望在结束一天的工作后奖励一下自己，但又担心摄入卡路里”。而产品的概念就在最后一段：夜间酸奶，让清晨的我们焕然一新。

其次，我们需要确定这一产品的主要好处。上文提到了 3 个好处。第一个好处是让人大饱口福，支持这一好处的事实是该产品加入大量水果，采用特殊制作工艺，使酸奶口味像卡仕达酱一样。

第二个是关系到消费者满意度的重要好处，即控制卡路里的摄入。为了实现这一点，该产品使用低脂牛奶，并将糖分降至最低。

第三个好处是夜间饮用该酸奶可以预防便秘。因为有调查结果显示，夜间酸奶可以帮助睡眠中的人调节肠道，这也是支持这一好处的事实。

在“形象”一栏中我们可以描绘这样的画面：一个在夜里穿着睡衣的女性在饮用酸奶，她的脸上洋溢着幸福的微笑。这与人们早晨喝酸奶的经典场景形成鲜明对比，而显示 21 点的时钟也是一个重要的小提示。完成的概念表如图 6-8 所示。

你要做的就是将上述信息汇总到一张表格里。本书介绍的概念表具有通用性，适用于任何行业，但一些公司或行业或许很难直接使用这张表进行分析。在这种情况下，你可以适当进行添加或删减，制作专属于你自己的概念表。需要注意的是，表格不要设计得过于复杂，此外，你需要按照顺序组织各个项目，构建出一个完整的故事。

在确定了产品或服务的概念以及开发目标之后，许多企业会准备进行市场调查，以确定自己分析出来的要素是否必要。在这种情况下，被确定为必要元素的内容将成为市场营销的概念。

目标	洞察
25 ～ 40 岁的职业女性	希望在结束一天的工作后奖励一下自己，但又担心摄入卡路里

概念
夜间酸奶，让清晨的我们焕然一新

形象

主要好处	技术、工艺、原材料等事实
大饱口福	加入大量水果， 采用特殊制作工艺， 使酸奶口味像卡仕达酱一样
次要好处	**技术、工艺、原材料等事实**
控制卡路里的摄入	使用低脂牛奶， 将糖分降至最低
次要好处	**技术、工艺、原材料等事实**
预防便秘	调查结果显示，夜间酸奶可以 帮助睡眠中的人调节肠道形成习惯， 使人们在清晨感觉更清爽

其他
肠道环境的改善既有利于美容养颜，也有助于深度睡眠

图 6-8 “奶油之夜”酸奶概念表

市场营销的概念最优化

构建市场营销概念的 3 个要点

在提出概念后观察顾客的反应是一种比较常见的市场调查方法。如果你已经拥有了成形的样品，那么可以让消费者直接试用，从而大幅提高调查的效率；但如果产品尚未开发或尚未成形，我们就不能采用这种方式了。此外，洗发水或飞机座椅等产品即使已经完成研发，我们也无法要求多人直接试用。

在此情况下，我们可以向顾客展示基于概念表生成的“简易文本”，即“可阅读的样品”。在通常情况下，我们会先针对少数人进行定性调查，根据他们的反馈修改文本，再在此基础上开展定量研究。

市场调查有利有弊。第 4 章提到过，人们往往会给自己比较熟悉的事物打高分，而对于没有亲身体验过的产品，人们无法辨别好坏。当初智能手机在北美兴起时，有许多人对此产生了质疑，表示“为什么要把手机和电脑合在一起”“这不会流行起来的”“看起来没什么用”等，但是大家也知道后来发生了什么。

只相信调查结果，并以此做出所有判断确实是非常危险的做法，但如果我们从顾客视角出发，的确能够规避意外风险，获得新的灵感，并找到目标，那么这个调查便是有意义的。

在构建市场营销方面的概念时，我们需要注意以下 3 点。

- **从顾客（用户）的视角构建。**极力避免使用公司内部才会用到的表达以及复杂的术语。
- **不要编写过度。**注重用简单、实用的语言传达信息。
- **将字数控制在 200 ～ 300 字。**确保激发人们的阅读兴趣。

其中，第一点无须赘述，第二点则需要我们格外注意。我们需要确保概念体现的是产品或服务的魅力，而不是文字的魅力，所以如果创作者过于关注形式，没有从顾客视角出发构建概念，就会导致人们无法对面前的事物做出准确的评估。此外，将文案字数控制在易于阅读的范围内同样十分重要。

撰写文案的基本结构

具体来讲，我们应该采用什么结构撰写文案呢？实际上，我们可从概念表中找到文案撰写的基本结构，具体如图 6-9 所示。

我们可以将概念表中的形象和概念直接引入调查表中，而在下半部分，我们需要按照从洞察到事实的顺序撰写文案。

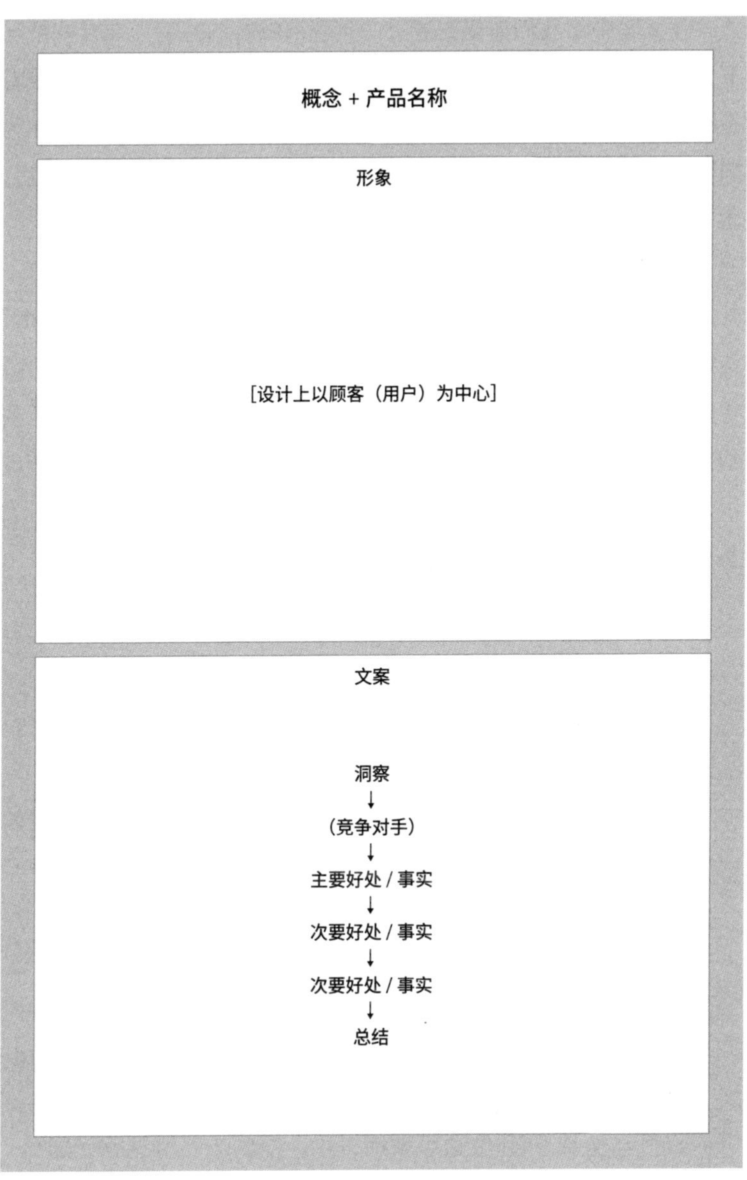

图 6-9　撰写文案的基本结构

在文案中，我们需要先通过洞察获取顾客的共鸣。在有些情况下，我们可以写一些竞争对手的产品或服务所做不到的事情，或者是顾客需求没有得到满足的内容。然后，我们提出好处，以此作为问题的解决办法并附上事实依据，同时罗列一些次要好处。最后，用一些相关表述来强调概念。

下面，我们尝试将 Perfect Mirror、吸尘器 Airies、“奶油之夜”酸奶 3 个案例改写成市场营销概念的调查文本，具体如下。你可以将自己写好的文案与之进行对比，但如果你不擅长写文章，就不要幻想自己能一气呵成，而可以参照如图 6-10 Perfect Mirror 所示的示例文案，分别完成各个部分的内容，再思考如何将这几个部分自然地衔接在一起。

Perfect Mirror 示例文本

洞察

有钱去健身，却没有时间去健身房；将 Perfect Mirror 献给忙碌的你。

主要好处

该产品将镜子和显示屏合为一体，您可以一边通过镜子观察自己的姿势，一边锻炼。

次要好处

我们与全球 500 位顶级教练签约，提供 1 万种课程；您可以随时随地进行学习。

次要好处

您还可以在家里远程订阅个性化课程；通过摄像头收集动作，动作评估系统可为您提供个性化指导。

次要好处

如果您担心无法坚持下去，何不尝试通过手机 App 与健身伙伴建立联系？彼此切磋将有助于激发您的健身动力。

总结

现在，将您的房间变成健身房，开启健康新习惯。

运用分结构撰写的方式，你可以在不破坏逻辑顺序的情况下完成一篇文章。下面，你可以用同样的方法为 Airies 吸尘器和“奶油之夜”酸奶撰写文案，本书示例如图 6-11、图 6-12 所示。

如果你在市场调查中得到了顾客的积极反馈，那么作为调查对象的产品或服务便有望被推向市场。这时，公司需要进一步开展广告概念的调查。这类调查的基本结构与市场调查类似，但是在广告调查中，公司会更加关注广告标语、产品视觉形象以及广告故事板等方面。需要注意的是，在广告概念调查中，与广告语相关的每个用词都是被评估的对象。

概念 + 产品名称

将你的房间变成健身房。——Perfect Mirror

形象

文案

有钱去健身，但没有时间去健身房
将 Perfect Mirror 献给忙碌的您

该产品将镜子和显示屏合为一体，
您可以一边通过镜子观察自己的姿势，一边锻炼

我们与全球 500 位顶级教练签约，提供 1 万种课程
您可以随时随地进行学习

您还可以在家里远程订阅个性化课程
通过摄像头收集动作，动作评估系统可为您提供个性化指导

如果您担心无法坚持下去，何不尝试通过手机 App 与
健身伙伴建立联系？彼此切磋将有助于激发您的健身动力

现在，将您的房间变成健身房，开启健康新习惯

图 6-10　Perfect Mirror 示例文案

概念 + 产品名称

仿佛身处图书馆般安静的运行声音。——Airies

形象

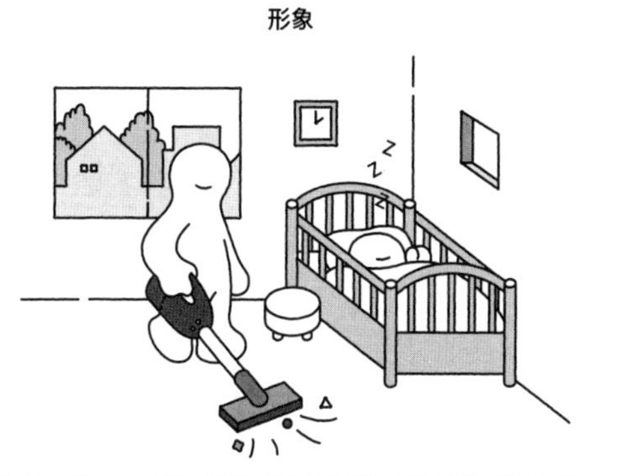

文案

人们需要产品具备超强的吸力，但不喜欢噪声
我们可以彻底解决这个问题

全新 Airies 吸尘器采用低噪安静动力系统
可实现图书馆级别的静音效果
这样就不会吵醒熟睡的婴儿

当然，它的动力也十分强劲
搭载的空气真空系统用 10 万转速的小型电机吸走垃圾
吸尘率高达 99%
能让婴儿在地板上安心爬行

单手便能轻松操作
搭配 360 度旋转的平滑滚轮，让打扫变得轻松愉悦

把家的清洁与宁静交给 Airies 守护

图 6-11　Airies 示例文案

概念 + 产品名称

夜间酸奶，让清晨的我们焕然一新。——“奶油之夜”

形象

文案

人们希望在结束一天的工作后奖励一下自己
但又担心摄入卡路里
为了解决您的烦恼
我们建议您饮用夜间酸奶，使您在第二天醒来后神清气爽

奶油之夜的口味就像卡仕达酱一样
里面加入大量水果，
一定让您大饱口福

酸奶采用控制脂肪含量和糖分的特殊制作工艺
对卡路里的严控程度令人震惊

如果您在睡前 3 小时喝下这款酸奶，
睡眠期间肠道就会得到调节，助您迎接一个舒适的早晨

夜晚深度睡眠，让我们在早晨备感清爽，
快来开启舒适又健康的夜间新习惯吧

图 6-12　奶油之夜示例文案

组织价值观的概念最优化

桃太郎击退恶鬼的使命、愿景和价值观

你应该将产品开发方案写在一张表格里，将市场营销方案写在一篇文章里。前文已经介绍了优化概念和确立概念的过程，接下来，我们将讨论价值观这一话题。价值观是指组织内部应该共享的价值标准和行为准则，所有公司的员工、团队成员都必须牢记和理解组织价值观，并以此为基准做决策。在形式上，我们最好选择简短但令人印象深刻的短语来表达价值观。

如图 6-13 所示，我在第 4 章中讲过桃太郎的故事框架里加入了“价值观”一栏。为了实现击退恶鬼、消除村民不安情绪的愿景，我将概念定为“化差异为力量”。而为了战胜强大的恶鬼，桃太郎集结了具有自身特长的成员，带领大家共同做出对抗。

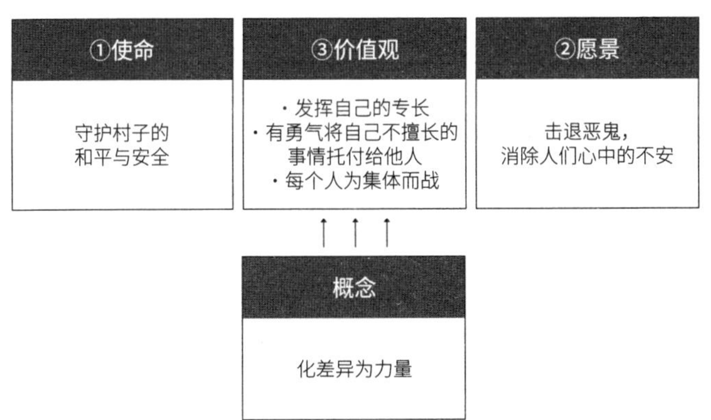

图 6-13　桃太郎的例子

然而，面对狗或猴子等团队成员，桃太郎应如何进行组织呢？化差异为力量这个口号不足以让这些成员明白自己每天要做什么。因此，桃太郎需要用具体的价值观来指导每个成员如何思考、如何行动。

如果桃太郎想要明确自己所提出的愿景，就有可能用以下 3 个价值观作为团队的行为准则。第一个价值观是让每个成员“发挥自己的专长”，桃太郎会鼓励成员各尽所能，让狗使用狗的武器，让猴子发挥猴子的强项；第二个价值观是让他们“有勇气将自己不擅长的事情托付给他人”，每个成员都要了解并承认自己的弱点，并将特定的任务交给合适的伙伴负责，只有做到这个，他们才能真正发挥各自的优势。以前两个价值观为前提，桃太郎最后要强调“每个人为集体而战”，所有成员必须抱着这样的信念去对抗敌人。

与恶鬼的决战显现了这 3 个价值观在结合起来后所发挥的作用。狗撕咬恶鬼的腿，野鸡啄恶鬼的眼睛，猴子挠恶鬼的身体，最后桃太郎一拳致命，将恶鬼丢了出去。在这个过程中，每个成员都发挥了自己的专长，舍生取义为集体而战，化差异为力量，最终取得了胜利。

形成价值观的 3 个条件

有效的价值观需要满足以下 3 个条件。

- **条件 1：简洁。**不要太过冗长，尽量用最少的字数总结。
- **条件 2：明确。**尽量写得具体一些。

- **条件 3：便于记忆。**重视押韵和节奏，使句子便于阅读和记忆。

一款名为 Mercari 的煤炉通过以下 3 句话表达了产品的价值观，这 3 句话简单明了，又富有节奏感。

- Go Bold：大胆行动。
- All for One：一切为了成功。
- Be Professional：专业精神。

日本 GO 株式会社是一家经营打车软件的公司，它的使命是"人们在移动中感受幸福"，愿景是"创造一个让所有人和物都能够轻松移动的社会"，而为了达成上述使命和愿景，GO 株式会社将企业价值观比作汽车的 4 个轮胎，将其命名为 4 WHEELS，具体内容如下：

- 考虑全方位的效益。
- 朝着目标前进。
- 共同奋斗，燃烧激情。
- 以挑战和利益为动力。

方位、前进、燃烧、动力等内容本身也是对汽车的隐喻，这样的构思使几个不同的价值观融为一体，使人更容易理解。

构建价值观的 3 个步骤

在通常情况下，概念是由一个人构建，再经多人完善而成的。但在创建与全体员工日常工作相关的价值观时，公司会从头到尾实行研讨会或小组讨论。公司一般会按照 3 个步骤推进价值观的创建，即：①挖掘；②选择；③转化为语言。构建价值观的过程如图 6-14 所示。

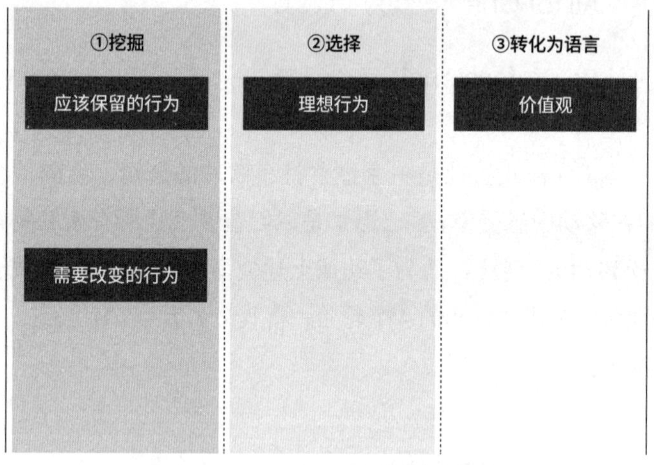

图 6-14　构建价值观的 3 个步骤

首先，你要从最左侧的挖掘一项开始填写，找到能够成为价值观的要素，也就是可以用语言表达出来的行动和思维。挖掘的关键在于以应该保留的行为与需要改变的行为为基础对内容进行分类。

其次，在选择阶段，我们不必改变应该保留的行为，而是将需要改变的行为改写为理想行为并放在第二栏，然后对照愿景与使命思考关联性，从而进一步缩小范围。理想行为的数量不能超过8个。

最后，在转化为语言阶段，我们要以简单明了、便于记忆为原则组织语言。

设定价值观的项目推进方式

让我们以一个虚构的证券公司“芝山证券”为例，讲解设定价值观的具体流程。

芝山证券是一家老字号企业，现在面临着企业体制落后、官僚之风盛行、办事效率低下等问题。如今，由金融技术主导的新型投资服务越来越多，对此，芝山证券没有因循守旧，而是着手转型，力争将自己打造成现代化证券公司。转型的任务之一就是变革企业文化，因此芝山证券设立了跨部门的项目团队，开始修正公司的价值观。

挖掘价值观：应该保留的行为与需要改变的行为

项目团队首先从应该保留的行为开始讨论。如图6-15所示，芝山证券的员工一直引以为傲的事情是公司自创业以来一直将顾客放在第一位，他们认为，无论在哪个时代，顾客至上的理念都不能变。此外，还有人认为，在贸易数字化的时代，公司应该花时间建立信赖关系，亲自拜访客户。

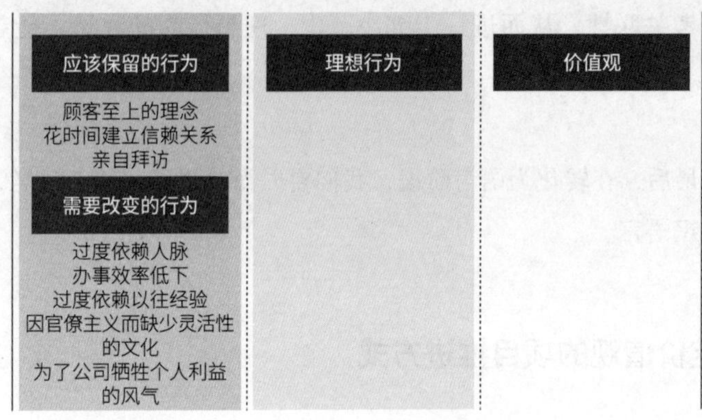

图 6-15 芝山证券的价值观挖掘

然后，团队开始寻找需要改变的行为。经过激烈的讨论，他们最终确定了以下 5 点：放在第一位的是过度依赖人脉，大家一致同意这个问题必须最先解决。接下来依次是办事效率低下、过度依赖以往经验、因官僚主义而缺少灵活性的文化，以及为了公司牺牲个人利益的风气。

选择价值观：选择与未来相关的行为

随后，团队将需要改变的行为替换成理想行为，对过度依赖人脉这一点进行转化，改成了熟练使用数据，并以此类推，将办事效率低下这一点改成了像初创公司一样高效，将为了公司牺牲个人利益的风气这一点改成了先取悦自我，通过语言明确了想要实现的理想，具体如图 6-16 所示。

现在，团队已经在图中罗列了部分理想行为，一旦收集到所有需要讨论的内容，他们就可以进行最终选择，找到为转型成现代化证券公司而需要真正落实的行动和策略。

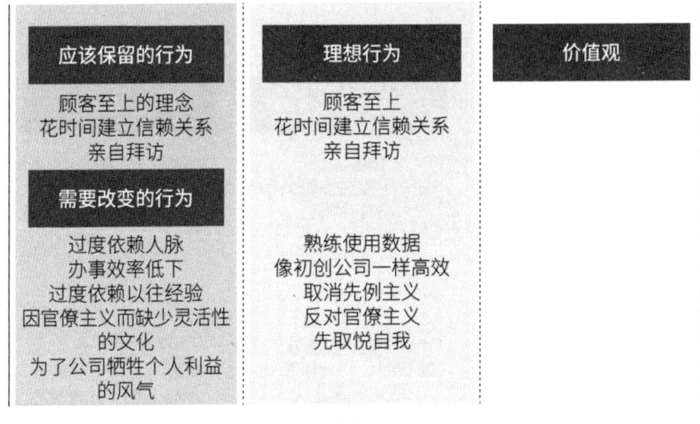

图 6-16　芝山证券的价值观选择（一）

通过观察 8 个理想行为，团队发现成员仍然在旧思维和新思维之间摇摆不定，如在应该保留的行为中，花时间建立信赖关系和亲自拜访其实只是延续了过去的成功经验，现在，也许有的客户不喜欢面对面交流，公司也无须同一些客户建立长期联系，因此，亲自拜访与花时间建立信赖关系可能会与顾客至上的理念相违背。由此，团队决定删掉这两个行为。

团队还发现，他们将先例主义与官僚主义这样的相似表述并列在了一起，于是，他们开始探讨到底哪一个才是最根本、最重要的问题。讨论的结果是，比起组织结构上的官僚主义，有些人不承认没有先例的价值观才是问题的根本，因此团队决定只保留“取消先例主义”这一个行为。

最终，团队选定了 5 项内容，即顾客至上的理念、熟练使用数据、像初创公司一样高效、取消先例主义、先取悦自我（见图6-17）。

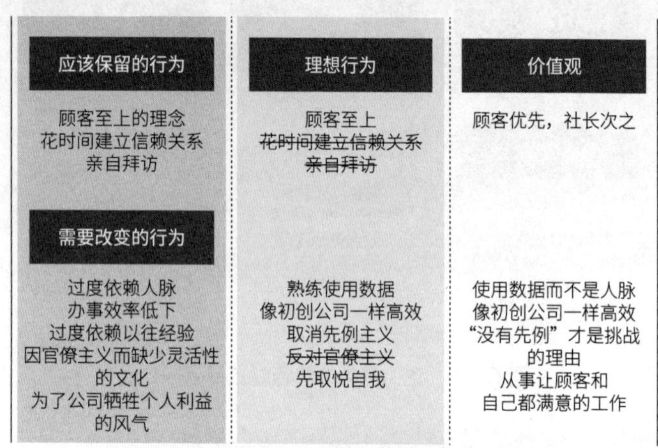

图 6-17　芝山证券的价值观选择（二）

将价值观口语化：简单明了、便于记忆

最后，我们要用简单明了、便于记忆的语言来表达价值观。请你运用第 5 章提到的表达技巧将价值观概括成一句话。

顾客至上的理念

顾客至上的理念本身没有任何问题，只是听起来过于普通，因此，项目团队参照上一代芝山证券社长所说的“比起社长，顾客更伟大”，用比较强调法将“顾客至上”改成了“顾客优先，社长次之”。参照组织内部广泛流传的名言、格言或口头禅，可以帮助我们制定出更完善的组织价值观。

熟练使用数据

如今的商业模式正在发生变革，人们要从过去的人脉至上思维转变成现在的数据至上思维。在这种情况下，将人脉与数据进行比较将更有利于凸显变化，因此，可以用比较强调法将原有表述改为“使用数据而不是人脉”。

像初创公司一样高效

这句话体现了公司将由规模优先转变为效率优先。因为这句话正好采用了隐喻法，用初创公司作比喻，提出了明确的目标，因此可以直接使用。

取消先例主义

如果用矛盾法改写这句话，可能会给人留下更深刻的印象。在过去因为没有先例，所以取消也是理所当然的；而将因为没有先例，所以尝试将这两个短语组合在一起，似乎更加符合公司现在的转型方向。于是，我们可以将其表述为“‘没有先例’才是挑战的理由”。

先取悦自我

从内容上看，“先取悦自我”与第一项“顾客至上”在思维方式和概念上都是互相矛盾的，那么在研究一下措辞后，我们可以将其表述为“从事让顾客和自己都满意的工作”。在创建价值观时，我们不仅要考虑个体，还要考虑整体，检查每个个体之间是否有矛盾，罗列在一起是否容易混淆。

通过芝山证券这一虚构的企业，我们了解了构建价值观的具体过程。价值观的最终确定固然重要，但选择的过程也具有重要意义。选择什么、放弃什么，讨论价值观的过程可能会引发人与人在价值观方面的冲突，以及意见上的分歧，但这种良性冲突正是塑造企业身份和企业文化的基础。因此，我们应该大胆地与他人进行讨论，去构建全新的价值观。

本书在第 4 章中介绍了 MVC，即使命、愿景、概念，又在本章中介绍了 MVV，即使命、愿景、价值观。二者的故事结构基本相同，因此我们在实际应用过程中很容易产生混淆。那么，我们应该如何区分它们呢?

从结果上来说，当我们在创造某种东西的时候，应该运用与概念相关的 MVC；当我们想规定或改变组织行为的时候，应该运用与价值观相关的 MVV。

价值观与概念是有区别的。价值观能够对公司、组织和品牌“以什么为信念，采取什么行动”做出回答，因此，价值观也被称为行为准则或行动指南。与此相对，概念回答的是公司、组织和品牌“将来要创造什么”。

星巴克的概念是“第三空间”，而作为其实现目标的行动指南，星巴克的企业价值观为“营造一种彼此心意相通，让人有归属感的文化”，以及“勇于行动，不满足于现状，以创新的方式实现公司与伙伴的共同成长”。

我们应结合不同的情境，灵活应用 MVC 和 MVV。

☑ **用一张概念表介绍产品**

- 基本要素是洞察、概念和好处。
- 草图不以物而以人为中心。
- 将好处与事实组合起来并列举出来。

☑ **用一篇文章汇总市场营销概念**

- 以顾客（用户）的视角构建，避免使用公司内部才会用到的表达以及复杂的术语。
- 不要编写过度，使用实用的语言传达信息。
- 将字数控制在 200 ～ 300 字，确保激发人的阅读兴趣。

☑ **用几行短句汇总价值观**

- 简洁。不要太过冗长，尽量用最少的字数总结。
- 明确。尽量写得具体一些。
- 便于记忆。重视押韵和节奏，使句子便于阅读与记忆。

☑ **MVC 与 MVV 的区别**

- 当我们想创造某种东西的时候，应用与概念相关的 MVC。
- 当我们想规定或改变组织行为的时候，应用与价值观相关的 MVV。

持续锻造你的概念力

在撰写本书时，我始终遵循以下 3 点要求：

首先，我尽可能有逻辑性地展现概念的创造过程，而不是用灵感来解释一切；其次，我不引用抽象理论，而是提供每个人都能用到的具体框架；最后，我的思考涵盖了从构思概念到表达概念的整个流程。

我这么做是为了提高概念创造的可行性，让更多的人体验到写出概念的成就感。因为本书内容具有实践性，所以我有必要先反思一下其中的不足之处。

如果你按照本书提出的步骤对商业主题进行逻辑性思考，就应该能够写出被大众认可的概念。然而，仅参考本书不足以让我们写出对社会极具意义的概念。如果你想最大程度地发挥框架这一逻辑工具的力量，就需要去探寻超越逻辑的“异常值”。

通过阅读本书，我们可以了解到，怀揣着让人类可以在多个星球上生活的梦想，可重复利用的火箭被制造了出来；在巨型计算机占据主流的时代，孩子也能使用的个人电脑横空出世；一家初创企业发出倡议，为人们提供闲置房间、让世界上的每个地方都成为你的家；一家服装企业让业界隐藏的规则变得透明，将生产成本和工厂加工的过程公之于众。

那些被奉为经典案例的商业概念，在产生之初无一不是令人震惊、愤慨，甚至是震怒的“糟糕想法”，而本书介绍的方法论就好像一根驯服怪兽的缰绳，越是脱离常识的构想，越有可能通过本书提出的框架，被塑造具有吸引力的概念。

你在书写概念的时候，不要在合乎逻辑的观点中故步自封。如果你在一开始就将思维放在条条框框之中，或者试图压缩内容使其符合常规逻辑，那么无论你多么努力地创造概念，也终将落入俗套。因此，**与其一味追求被大众普遍接受的观点，不如适当地表露你自己特有的想法。**

即使是最幸运的人，也会对眼前的生活或社会有一些不满，也会抱着未来会更符合自身期望的妄想，也会在心底掩藏着对某些事物特殊的偏爱。而你可以尝试写出愤怒、妄想、偏爱等在日常商业活动中被视为杂念的个人情感，这些语言正是带动你创建新业务的稀缺资源。也许你会被误解，而在那些让你犹豫不决的事情里，一定潜藏着新的价值。

商务人士总是在追逐流行主题，Society 5.0、6.0、7.0[①]，Web 2.0、3.0、4.0、5.0，也许这些数字会一直递增下去，而通过添加编号，人们体会到了划分时代的自豪感。与此同时，AI、量子计算机、大数据、DX、区块链、CSR、ESG、SDGs 等新名词也在不断涌现，商务人士将它们说出口，只为了证明自己足够前卫。

然而，运用这些流行语的应该是评论家、投资者或局外人。在最前线努力创造价值的人即便会关注流行趋势，也绝不会受其制约；相反，他们更愿意提出概念，以展示对新的生活或社会的具体构想。即使创造出来的概念不够完美，他们也希望能用自己的语言去表达那些尚未被定义的事物。我所遇到的价值创造者基本上都具备了这种特质。

与批评或自以为是的评价相比，我们更需要每个人提出更多具备创造力的语言。我希望本书能在这方面为人们提供帮助，哪怕只能帮到一点儿，我也不胜欣喜。我也很感谢你能读到这里，希望你在合上本书之后，能开始动笔创造概念。我期待着某一天，在某个地方，我能同你写下的概念相遇。

本书的顺利出版离不开各界人士的大力支持。首先，我要感谢学生时代的挚友古屋壮太先生，从我犹豫着写下本书，到这本书如

① Society 系列是日本提出的一个未来社会愿景，旨在通过高度融合数字技术与物理空间，解决社会问题并提升生活质量。——编者注

期出现在大家的面前，离不开古屋先生的执行力。感谢天田卓良先生，向我提供了关于洞察的重要观点。我很幸运自己能向钻石社的市川有人先生提供本书的选题。市川先生曾推出过许多畅销书，为本书的出版流程提供了许多有创造性的意见。同样来自钻石社的宫崎桃子女士不仅为本书的最终润色提供了细致的指导，还就本书的不足之处提出了重要建议。此外，本书的完成还得益于众多商业伙伴的帮助以及家人的支持，我再次向大家表示感谢。

创造概念的 6 个常见问题

在附录中，我列出了自己收集到的一些具有代表性的问题，简单陈述如下：

Q1 目标和愿景有什么不同?
Q2 使命和经营理念有什么不同?
Q3 在重视数字目标的企业，概念如何发挥作用?
Q4 品牌概念、产品概念和沟通概念有什么不同?
Q5 概念应该由个人编写还是由团队编写?
Q6 什么方法能帮助我们提高创造概念的能力?

以上每个问题都不太好回答，有时还会引发争议。为了帮助你加深理解，我会尽量在回答这些问题时展示具体的思路。

Q1 最近人们经常会提到“目标”这个词。目标和愿景有什么不同?

企业为什么要树立目标?

自 2010 年起，“目标”一词频繁出现在商业相关问题的讨论中。自从日本杂志《钻石哈佛商业评论》(*Diamond Harvard Business Review*)[①] 针对目标进行了专栏报道之后,"目标"就成了人们日常的商务用语。2021 年 4 月,在日本举办的亚洲广告周线上研讨会以"目标给日本企业交流带来的影响"为主题进行了研讨,对此我记忆犹新。对目标的讨论曾在 2019 年一度达到高潮,之后热度开始下降,但又在 2021 年逐渐回暖,如今目标一词的含义已被人广泛接受。

那么,目标与传统上的愿景有什么不同?我们需要从意义和语境这两个方面来思考目标这一全新的商业术语。

首先从意义方面进行分析。虽然迄今为止人们对目标提出了很多定义,但其实只要将其简单理解成企业或组织"存在的意义"就可以了,《钻石哈佛商业评论》就将上述专栏报道的副标题命名为"公司为什么而存在?你为什么在那里工作?"。只有通过目标,我们才能够对这 2 个问题做出回答。目标与本书所定义的使命是含义极其相似的两个概念。

也有人指出,目标是利他的,而愿景是利己的,对此我并不认同。在目标出现之前的很长一段时间里,企业家就已经在愿景和使命中提出了能惠及社会的理想。而人们将公共性和社会性归结为目标的特性,主要是因为目标需要以流行语的形式发挥作用。

① 由日本钻石社与哈佛商学院出版公司合作出版的一本商业管理类杂志。——编者注

其次，为了寻找“人们为什么喜欢提出目标？”这一问题的答案，你需要关注人们在什么语境下使用目标一词。

无论是在日本还是在欧美，喜欢使用目标一词的几乎都是大型企业。在 2008 年金融危机爆发后，许多世界知名的大型企业进行了大规模重组。如今，互联网使物联网成为可能，分析大量的数据可以使业务得到优化，如一些汽车企业已经从生产燃油汽车转型到生产电动汽车。2020 年，数字化商业变革已成为时代主流，新冠疫情则进一步加快了数字化的进程。其间，许多大企业从亏损的业务中撤资，同时积极进行并购，许多传统企业也进行了大刀阔斧的改革，以迎合数字化时代所呈现的变化。

如果企业只保留在市场上盈利的业务，那么它的财政状况就会变得较为乐观，但同时，有越来越多的企业陷入身份危机，无法解释自身存在的意义。企业想要为眼前的业务结构赋予意义，就需要与目标产生联系。

向往的星星，即愿景；决定扎根的大地，即目标

我在同一语境的基础上，将愿景与目标进行了比较，具体如图附 -1 所示。

一方面，愿景通过具体的语言展现理想的未来，使所有人朝向同一个方向前进，这一情形让我联想到了初创公司。另一方面，目标的前提是所有人的方向都不一样，这一情形

让我联想到了热衷并购的大型企业员工。只凭一张未来蓝图，公司难以约束所有业务，因此，即便员工追求的未来各不相同，为了约束整个组织的发展，公司也需要通过具有普遍性的语言表达共通的基础，此即公司存在的意义。

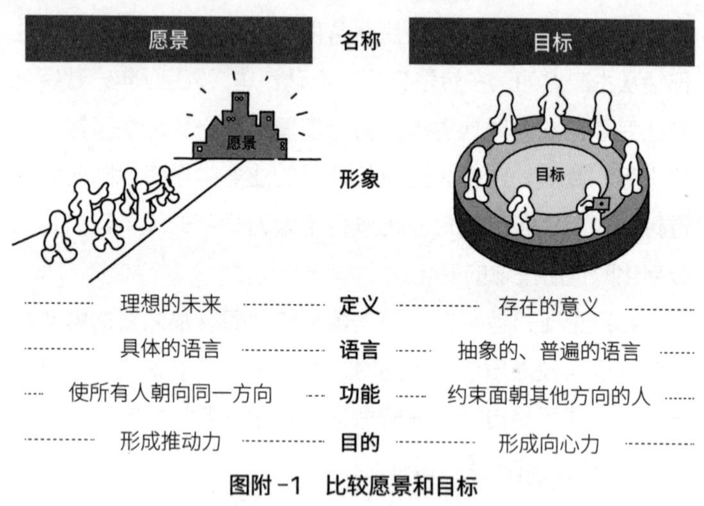

图附 -1　比较愿景和目标

总的来说，愿景是找到向往的星星，创造推动力；目标是找到决定扎根的大地，创造向心力。

到这里，针对“公司为什么而存在？你为什么在那里工作？”这 2 个问题，我相信你能够进行区分，做出自信的回答。

索尼在 2019 年发表的企业目标“发挥创造与科技的力

量，让世界充满感动”就是一个绝佳的例子。这个从家电产品起家，业务覆盖游戏、电影、金融等多个领域，在全球拥有约 11 万名员工的超大型集团，通过企业目标明确了自身存在的意义。虽然按照本书的定义，索尼的目标概念更像是一种使命，但这句话对广泛的业务进行了约束，并加以升华，体现了索尼的风格。

Q2 虽然我们公司没有明确的使命，但有经营理念。使命和经营理念有什么不同？

有时我们会混淆使命和理念，但这是情有可原的，因为在实际的商业情境中，二者并没有明确的界定方法。此处只解释两者在基本定义上的差异。

在本书中，我将使命定义为组织持续承担的社会任务，它应该描述的是公司的核心业务对社会的意义。而经营理念通常被定义为管理者的信仰和价值观，与管理者的管理风格密切相关，因此和使命有所不同。

假设一家公司的管理者提出了“日行一善”的行为指南，呼吁员工去做能感动他人的善事，如帮忙收拾垃圾、为老人解决生活上的问题等。这或许是一个高尚的经营理念，反映了管理者的信仰和价值观，但这一行为指南不能被称为使命，因为收拾垃圾和帮助老人与公司的核心业务无关。

使命与经营理念的区别如下：

- 经营理念描述管理者的价值观，使命描述企业存在的理由。
- 经营理念可以与核心业务无关，使命必须与核心业务紧密相连。
- 经营理念源自管理者哲学，使命源自企业历史。

在实际应用中，经营理念的含义其实十分宽泛，在很多情况下一些使命也会被称为经营理念。但无论怎么称呼，你都需要记住，能够获得员工认可的企业的社会使命，才能成为创造概念的依据。

Q3 **我所在的企业会使用关键绩效指标（KPI）管理业务，没有考虑概念和愿景的习惯。概念和愿景是必要的吗？如何将组织语言的过程体现出来？**

将数字翻译成语言

我们应该将数字目标与概念合在一起进行考虑。数字目标能够体现企业理想的状态，但无法描述行动。例如，企业设定的目标是提高 30% 的市场占有率，但这个表述有一些虚幻。这时，我们就需要创造具体的概念，确立语言目标，回答为了达成目标，企业要采取哪些行动，要扩大哪些价值（见图附 -2）。

数字目标		语言目标
· 行业第一	→	?
· 销售额 3 000 亿日元，利润率达到 40%	→	?
· 顾客满意度行业第一	→	?
· V 字形发展	→	?
· 成为代表世界的 ××	→	?

图附 -2　确立语言目标

以数字作为思考主体的公司，需要养成将数字转化为语言的习惯。假设一家老字号日本料理餐厅希望挑战新业态，这家餐厅原本每天只接待 10 桌客人，且定价昂贵，因而保持着极高的口碑。如今，这家餐厅决定改变方针，采用新业态吸引更多的年轻人到店消费，于是，公司提出了以下 3 个重要 KPI：提高客流量（每天接待 5 轮顾客）；定价上可以与居酒屋进行竞争（人均 3 000 日元）；客户满意度比肩传统料理店（满意度评分 3.8）。这些指标数字看上去都很完美，但仅仅关注数字，餐厅并没有看出自己应该开发什么样的业态，也找不到明确的业态方向。

在这种情况下，餐厅需要将数字目标转化为语言目标，“每天接待 5 轮顾客”可以改为“顾客在 1 小时内大饱口福”；

“人均 3 000 日元”可以转化为“高级日料店的味道，普通居酒屋的价格”；“满意度评分 3.8”可以转化为“顾客每次光顾都很惊喜”。通过这种方式，公司将适用于自身业务的数字目标转化为让顾客开心的探店体验。如果让顾客用 1 小时就能大饱口福，并且只用支付在居酒屋用餐的费用，那么这个新业态就很有可能是站着用餐居酒屋。采用变革叙述法将企业概念改为在休闲居酒屋享受正宗日式料理，会将各个数字目标整合在一起，新业态的形象也变得更加清晰（见图附 -3）。

数字目标		语言目标
· 行业第一	⟶	1 小时内大饱口福
· 销售额 3 000 亿日元，利润率达到 40%	⟶	高级日料店的味道，普通居酒屋的价格
· 顾客满意度行业第一	⟶	顾客每次光顾都很惊喜

在休闲居酒屋享受正宗日式料理

图附 -3　站着用餐居酒屋

也许，该问题的提问者所身处的公司在业务发展上十分稳定，如果一个品牌能够长期采用一种方式取得成功，那么只用数字的确能够传达其行为。然而，一旦经营不善，公司就有可能失去品牌口碑，且没有行动计划加以补救。因此，企业在经营状况良好的情况下重新审视商品价值、思考品牌概念，不失为一个明智的做法。

Q4 我从事市场营销的工作，经常会看到各种“概念”，有时会感到混乱。品牌概念、产品概念和沟通概念的区别是什么？

虽然世界上的概念多种多样，但它们的原理和原则是相同的。对创造概念的人来说，概念是价值的设计图，但即便是同一张设计图，在不同的情境下，其性质也会发生变化。我在此详细解释一下。

在辨别所需概念的性质时，我们需要考虑两个变量：概念的持续时间和适用范围。

如图附-4所示，横轴表示概念的持续时间，纵轴表示概念的适用范围。其中，品牌概念的使用时间最长，适用范围最广，而沟通概念使用时间最短，适用范围最窄。

圆圈越大，覆盖的领域越广，对应的概念也越能够长时间使用，具备广泛的适用性。与之相反，圆圈越小，越需要在表达上聚焦于一点。在理解了这一普遍规律的基础上，我们可以分别深入地思考每一种概念。

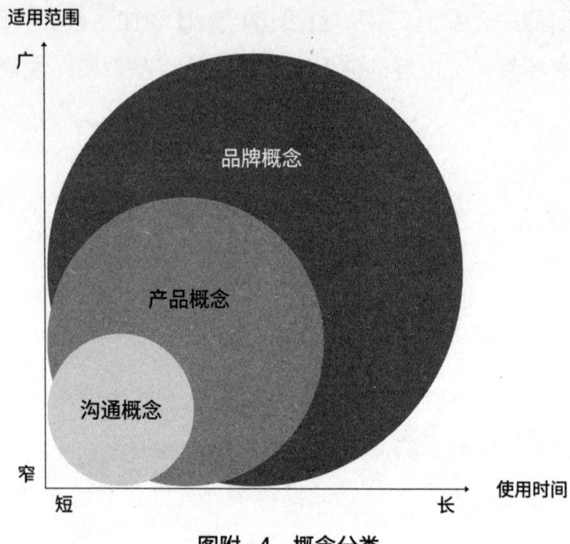

图附 -4　概念分类

品牌概念是对顾客的承诺

品牌概念通常会流传数十年，它集合了商品、服务、店铺、网站、客服等要素，因此在图附 -4 的 3 个概念中，它的内容最具有普遍性。可以说，品牌概念就是对顾客的承诺，是企业需要随时随地守护的价值。

具有代表性的品牌概念有：爱彼迎的“让世界上的每个地方都成为你的家”，优衣库的“服适人生”，馥马尔的“香水出版社”，Fenty Beauty 的“让所有人变美丽”，艾芙兰的“极致透明”，Casper 的“睡眠公司”。

产品概念是顾客真正的购买原因

深入探究产品概念后，我们会发现，它能够明确顾客真正的购买原因。当今社会，商品和服务之间的界限变得越来越模糊，因此明确顾客真正购买一件商品的原因变得越来越难。

在过去，建筑机械制造商采取的商业模式是仅仅把机械卖出去，即便有售后服务，这种服务的质量也并不能让顾客满意，因为顾客和制造商的关系在成交的那一刻就近乎结束了。但现在，制造商和顾客的联系始于机械售出之后，由于建筑机械能够联网，制造商可以实时确认施工现场的机械是否被盗，是否出现故障，并根据机械的运行情况提出提高效率的建议。商品的售出与服务已融为一体，顾客之所以购买最先进的建筑机械，有可能为了提高现场的生产效率，也有可能是为了减少机械被盗的可能。

产品的服务化的现象已在汽车、家电、跑鞋、运动服、饮料等各行各业兴起。今后，将产品和服务联结在一起挖掘全新的意义，会变得越来越重要。本书中的概念并不是指简单的产品说明或规格介绍，而是指成功捕捉了顾客购买的本质原因的总结。

具有代表性的产品概念有：亚马逊的 Kindle“在 60 秒内入手所有书籍”；索尼的“放入口袋的收音机”；三得利 BOSS 的“上班族的伙伴”；苹果 iPod 的“把 1 000 首歌曲

放进口袋”；华歌尔的“让胸部看起来很小的文胸”；GU 的“可以穿着奔跑的高跟鞋”；青木的“睡衣西服”；任天堂 Wii 的“找回与家人共处的时光”；风倍清的“变不可洗为可洗”；睛姿的“视力良好的人同样需要眼镜”。

沟通概念是为了探究如何改变顾客的认知

在这 3 个概念中，沟通概念可使用的时间最短，适用范围最为有限，因此可以精准实现企业在每个时间段内的目的。

三得利罐装咖啡 BOSS 的产品概念“上班族的伙伴”自 20 世纪 90 年代提出以来一直没有改变，而与之相反，它的沟通概念随着不同时代的社会背景和实际状况发生了变化，时而为人加油打气，时而与人一起叹息，时而同人畅谈理想，但伙伴关系的亲密感不曾改变。由此可知，沟通概念需要具备灵活性。

还有一点非常重要，那就是沟通概念的关键不仅在于宣传什么，而在于改变顾客的认知。以佳得乐的概念 ON＜IN 为例，佳得乐的目标群体高中体育特长生一开始并不相信佳得乐这种产品的功效，他们虽舍得在功能性运动服、运动鞋和运动装备上花钱，却对食物和饮品毫不关心。而佳得乐找到了改变他们认知的方法，获得了成功。如果一个沟通概念找不到需要改变的主体和让其改变认知的方法，那它就没有指导作用。

上文解释了品牌概念、产品概念和沟通概念的不同之处。在思考新的概念的时候，我们一定要事先明确这个概念能使用多久，适用的范围有多广。

Q5 概念是由个人编写，还是通过研讨会、小组讨论等形式由团队编写？

研讨会的好处一般有两点。首先，通过研讨会我们可以接触到个人难以捕捉的多元视角。个人在创造概念时，往往会凭借自己的问题意识和表达习惯进行书写，而通过团队合作，个人会收获意想不到的建议和不同意见，从而拓宽视野。

其次，研讨会可以让成员共享创作过程，针对概念，各个利益相关者会从各种角度提出建议，如果成员一一应对这些建议，就无法顺利推进概念的形成。针对这一点，团队可以在创造概念之初以集体讨论的形式让利益相关者参与进来，这能让人们有效地讨论出一致意见。

然而，团队合作也有弊端，如果团队领导无法全面掌控局面，那么团队合作产生的结论就很有可能落入俗套。在整合了所有人的意见后，团队得出的概念可能是平淡无奇的，既没有人反对，也没有人举双手支持，概念体现的不过是折中的讨论结果。因此，为了写出有意义的概念，我们也需要自己花时间深入研究用词。

如果时间和资源充足的话，也可以采取个人编写与团队合作相结合的方式创造概念，通过团队讨论找到制作概念的素材，个人以此为灵感进行编写，再与团队共享。只有这样，我们才能够充分发挥出这两种形式的优点。

Q6 什么方法能帮助我们提高创造概念的能力？

解构：将现实拆解为概念

概念构建是一种组合语言的技术，要想学会构建，需要先掌握分解的方法，即“解构”。解构就是指将已经成形的事物进行概念上的分解，将其还原到规划时的初始状态。

我们可以将身边的新产品、热门服务、大热的电影、电视剧和音乐等作为对象，尝试分析它们的概念是如何被提出的。在此过程中，我们可以应用第 4 章介绍的概念金字塔，了解分析对象捕捉到了哪些洞察，利用了竞争对手哪些弱点，为什么只能由某家企业负责，未来的愿景是什么。以概念金字塔为参考，我们要将分析对象拆分成 6 个部分（顾客洞察、竞争对手、自己公司以及概念、使命、愿景），然后尝试将这些要素组合成一个故事。如果你能像产品负责人一样叙述产品的故事，那你就成功了。

重新设计：从概念开始修改

解构通常适用于优质的产品和服务，而对于那些人们不太满意的产品，重新设计是一个不错的选择。与解构一样，重新设计也需要通过概念金字塔将产品分解成6个要素。在此基础上，我们要思考哪里出现了问题？捕捉洞察的方式是否得当？是否误判了竞争对手？概念是否有缺陷？愿景是否明确？一旦确定了问题，我们就可以将原来的概念修改成理想的形式，然后据此对产品和服务进行重新设计。

语料库

如果你想成为创造概念方面的专家，就应该在平时注意积累词汇，具体包括小说中惊艳的表达、引人注目的命名、杂志封面上吸睛的标题等。在语言表达形式如此丰富的今天，总有一些词语能够引起你的关注，成为你的思想积累。但需要注意的是，我们不应该直接引用这些词汇，而应记住这些词汇为我们带来的感受。那些简单明了地传达了含义的词汇，那些瞬间打动人心的词汇，必将在未来指引着我们去思考概念。

参考文献

・『突破するデザイン あふれるビジョンから最高のヒットをつくる』ロベルト・ベルガンティ著／八重樫文、安西洋之監訳（日経 BP）2017 年
・『デザイン・ドリブン・イノベーション』ロベルト・ベルガンティ著／佐藤典司監訳／岩谷昌樹、八重樫文監訳・訳（クロスメディア・パブリッシング）2016 年
・『Airbnb Story 大胆なアイデアを生み、困難を乗り越え、超人気サービスをつくる方法』リー・ギャラガー著／関美和訳（日経 BP）2017 年
・『スターバックス成功物語』ハワード・シュルツ、ドリー・ジョーンズ・ヤング著／小幡照雄、大川修二訳（日経 BP）1998 年
・『*Obsessed: Building a Brand People Love from Day One*』Emily Heyward, Portfolio, 2020
・『イノベーションは日々の仕事のなかに 価値ある変化のしかけ方』パディ・ミラー、トーマス・ウェデル＝ウェデルスボルグ著、平林祥訳（英治出版）2014 年
・『水平思考の世界 電算機時代の創造的思考法』エドワード・デボノ著、白井實訳（講談社）1971 年
・『考えなしの行動？』ジェーン・フルトン・スーリ、IDEO 著／森博嗣訳（太田出版）2009 年
・『How Customers Think: Essential Insights into the Mind of the Market』Gerald Zaltman, *Harvard Business Review Press*, 2003
・『問いこそが答えだ 正しく問う力が仕事と人生の視界を開く』ハル・グレガーセン著／黒輪篤嗣訳（光文社）2020 年
・『逆転の生み出し方』アダム・モーガン、マーク・バーデン著／文響社編集部訳（文響社）2018 年

・『スティーブ・ジョブズ』Ⅰ・Ⅱ巻 ウォルター・アイザックソン著／井口耕二訳（講談社）2011年
・『Invent&Wander ジェフ・ベゾス Collected Writings』関美和訳（ダイヤモンド社）2021年
・『スティーブ・ジョブズ全発言 世界を動かした142の言葉』桑原晃弥著（PHP研究所）2011年
・『イーロン・マスクの言葉』桑原晃弥著（きずな出版）2018年
・『未来は言葉でつくられる 突破する1行の戦略』細田高広著（ダイヤモンド社）2013年
・『解決は1行。』細田高広著（三オブックス）2019年
・『井深大 自由闊達にして愉快なる 私の履歴書』井深大著（日本経済新聞出版）2012年
・『ゼロ・トゥ・ワン 君はゼロから何を生み出せるか』ピーター・ティール、ブレイク・マスターズ著／関美和訳（NHK出版）2014年
・『シャネル 人生を語る』ポール・モラン著、山田登世子訳（中央公論新社）2007年
・『シャネル 最強ブランドの秘密』山田登世子著（朝日新聞社）2008年
・『走ることについて語るときに僕の語ること』村上春樹著（文藝春秋）2007年
・『夢十夜 他二篇』夏目漱石著（岩波文庫）1986年
・『USJのジェットコースターはなぜ後ろ向きに走ったのか？』森岡毅著（角川書店）2014年
・『ストーリーとしての競争戦略 優れた戦略の条件』楠木建著（東洋経済新報社）2010年
・『理念と利益 顧客への約束が最も大きな利益を生み出す理由』笠松良彦著（デザインエッグ社）2021年
・『問いのデザイン 創造的対話のファシリテーション』安斎勇樹、塩瀬隆之著（学芸出版社）2020年
・『「イノベーター」で読む アパレル全史』中野香織著（日本実業出版社）2020年
・『アイデアのつくり方』ジェームス・W・ヤング著、今井茂雄訳、竹内均解説（CCCメディアハウス）1988年
・『ecute物語 私たちのエキナカプロジェクト』JR東日本ステーションリテイリング鎌田由美子、社員一同著（かんき出版）2007年
・『アラン・ケイ』Alan Curtis Kay著、鶴岡雄二訳、浜野保樹監修（アスキー）1992年
・『WHYから始めよ！ インスパイア型リーダーはここが違う』サイモン・シネック著、

栗木さつき訳（日本経済新聞出版）2012 年
・『ジョブ理論 イノベーションを予測可能にする消費のメカニズム』クレイトン・M・クリステンセン他著、依田光江訳（ハーパーコリンズ・ジャパン）2017 年
・『スタンフォード大学 夢をかなえる集中講義』ティナ・シーリグ著、高遠裕子訳（CCCメディアハウス）2016 年
・『アイデアのちから』チップ・ハース、ダン・ハース著、飯岡美紀訳（日経 BP）2008 年
・『世界を動かした 21 の演説 あなたにとって「正しいこと」とは何か』クリス・アボット著、清川幸美訳（英治出版）2011 年
・『生き方 人間として一番大切なこと』稲盛和夫著（サンマーク出版）2004 年
・『パーパス経営 30 年先の視点から現在を捉える』名和高司著（東洋経済新報社）2021 年
・『戦略の策定には創造的発想が欠かせない』アダム・ブランデンバーガー著、有賀裕子訳 DIAMOND ハーバード・ビジネス・レビュー論文 2019 年 8 月号（ダイヤモンド社）
・『そもそも解決すべきは本当にその問題なのか』トーマス・ウェデル＝ウェデルスボルグ著、スコフィールド素子訳 DIAMOND ハーバード・ビジネス・レビュー 2018 年 2 月号（ダイヤモンド社）
・『類語国語辞典』大野晋、浜西正人著（角川書店）1985 年
・『[例解] 現代レトリック事典』瀬戸賢一、宮畑一範、小倉雅明編著（大修館書店）2022 年

未来，属于终身学习者

我们正在亲历前所未有的变革——互联网改变了信息传递的方式，指数级技术快速发展并颠覆商业世界，人工智能正在侵占越来越多的人类领地。

面对这些变化，我们需要问自己：未来需要什么样的人才？

答案是，成为终身学习者。终身学习意味着永不停歇地追求全面的知识结构、强大的逻辑思考能力和敏锐的感知力。这是一种能够在不断变化中随时重建、更新认知体系的能力。阅读，无疑是帮助我们提高这种能力的最佳途径。

在充满不确定性的时代，答案并不总是简单地出现在书本之中。“读万卷书”不仅要亲自阅读、广泛阅读，也需要我们深入探索好书的内部世界，让知识不再局限于书本之中。

湛庐阅读 App：与最聪明的人共同进化

我们现在推出全新的湛庐阅读 App，它将成为您在书本之外，践行终身学习的场所。

- 不用考虑“读什么”。这里汇集了湛庐所有纸质书、电子书、有声书和各种阅读服务。
- 可以学习“怎么读”。我们提供包括课程、精读班和讲书在内的全方位阅读解决方案。
- 谁来领读？您能最先了解到作者、译者、专家等大咖的前沿洞见，他们是高质量思想的源泉。
- 与谁共读？您将加入优秀的读者和终身学习者的行列，他们对阅读和学习具有持久的热情和源源不断的动力。

在湛庐阅读 App 首页，编辑为您精选了经典书目和优质音视频内容，每天早、中、晚更新，满足您不间断的阅读需求。

【特别专题】【主题书单】【人物特写】等原创专栏，提供专业、深度的解读和选书参考，回应社会议题，是您了解湛庐近千位重要作者思想的独家渠道。

在每本图书的详情页，您将通过深度导读栏目【专家视点】【深度访谈】和【书评】读懂、读透一本好书。

通过这个不设限的学习平台，您在任何时间、任何地点都能获得有价值的思想，并通过阅读实现终身学习。我们邀您共建一个与最聪明的人共同进化的社区，使其成为先进思想交汇的聚集地，这正是我们的使命和价值所在。

CHEERS

湛庐阅读 App 使用指南

读什么

- 纸质书
- 电子书
- 有声书

与谁共读

- 主题书单
- 特别专题
- 人物特写
- 日更专栏
- 编辑推荐

怎么读

- 课程
- 精读班
- 讲书
- 测一测
- 参考文献
- 图片资料

谁来领读

- 专家视点
- 深度访谈
- 书评
- 精彩视频

HERE COMES EVERYBODY

下载湛庐阅读 App
一站获取阅读服务

图书在版编目（CIP）数据

概念力 /（日）细田高广著 ; 刘倩译 . — 杭州 : 浙江科学技术出版社 , 2025. 9. — ISBN 978-7-5739-1867-3

Ⅰ. B812.21

中国国家版本馆 CIP 数据核字第 2025GS5987 号

书　　名　**概念力**
著　　者　[日] 细田高广
译　　者　刘　倩

出版发行　**浙江科学技术出版社**
地址：杭州市环城北路 177 号　邮政编码：310006
办公室电话：0571－85176593
销售部电话：0571－85062597
E-mail:zkpress@zkpress.com
印　　刷　河北鹏润印刷有限公司

开　　本	880mm×1230mm　1/32	**印　　张**	9.75
字　　数	235 千字		
版　　次	2025 年 9 月第 1 版	**印　　次**	2025 年 9 月第 1 次印刷
书　　号	ISBN 978-7-5739-1867-3	**定　　价**	99.90 元

责任编辑　余春亚　　**责任美编**　曹莞君
责任校对　张　宁　　**责任印务**　吕　琰